꼬레아
타임스

외국인이 본 신기한 100년 전 우리나라
꼬레아 타임스

1판 1쇄 발행 2023년 7월 20일
1판 2쇄 발행 2024년 6월 20일

글쓴이 이돈수 배은영 **그린이** 토리아트
발행인 오영진 김진갑 **발행처** 제제의숲 **기획편집** 이희자
디자인 안경희 **마케팅** 박시현 박준서 김승겸 김예은 김수연
출판등록 2013년 1월 25일 제2013-000028호
주소 서울시 마포구 월드컵북로5가길 12 서교빌딩 2층
원고 투고 및 독자 문의 midnightbookstore@naver.com
전화 02-332-7706 **팩스** 02-332-7741
블로그 blog.naver.com/midnightbookstore
페이스북 www.facebook.com/tornadobook

ISBN 979-11-5873-274-5 (73380)

제제의숲은 ㈜심야책방의 자회사입니다.
이 책은 저작권법에 따라 보호를 받는 저작물이므로 무단전재와 무단복제를 금하며,
이 책 내용의 전부 또는 일부를 사용하려면 반드시 저작권자와 제제의숲의 서면 동의를 받아야 합니다.

잘못되거나 파손된 책은 구입하신 서점에서 교환해 드립니다.
맞춤법과 띄어쓰기는 국립국어원의 기준에 따랐습니다.
책 모서리가 날카로워 다칠 수 있으니 사람을 향해 던지거나 떨어뜨리지 마십시오.
종이에 베이지 않게 주의하세요. 책값은 뒤표지에 있습니다.

외국인이 본 신기한 100년 전 우리나라
꼬레아 타임스

이돈수·배은영 글 | 토리아트 그림

제제의숲

어느 외국인 여행자의 기록

미국 주간지 《하퍼스 위클리》 1898년 1월 15일자에 말을 타고 꼬레아를 유람한 사진 작가 W. H. 잭슨의 글이 실렸어요. 제물포항으로 꼬레아에 들어간 잭슨은 항구의 이색적인 풍경을 감상하고 나서 조랑말을 타고 서울로 향했어요. 초가지붕을 올린 흙집이 줄지어 선 꼬레아의 마을과 거리를 지나가면서 마주친 남자와 여자의 모습을 보며 꼬레아 사람들의 삶을 엿보기도 했지요.

제물포에서 서울로 가는 길의 마부와 조랑말.

잭슨은 꼬레아의 경관에 대해 다음과 같이 말했어요.

"경관은 다양하고 낭만적이었다. 산맥은 선이 굵어 아름답고 섬세한 푸른색과 보라색을 띤다. 만듦새도 조악하고 사용된 자재도 지저분하지만 인적이 드문 곳의 작은 집들조차 아름답지 않은 것이 없었다."

서울로 들어선 잭슨은 북새통을 이루는 사람들과 성벽으로 둘러싸인 성, 서울을 에워싸고 있는 언덕과 구릉, 유서 깊은 궁궐 앞을 지키고 있는 몇몇 군인을 보았지요. 그리고 곧 내부대신(조선 후기 내무행정을 맡아보던 관아의 으뜸 벼슬) 남정철을 만나 꼬레아 왕실에 들어가 따뜻한 샴페인과 달콤한 케이크를 대접받았어요. 왕을 기다리는 동안 알현실과 경복궁의 흥미로운 곳곳을 사진으로 찍었어요. 얼마 후, 잭슨은 꼬레아의 왕과 세자를 만났지요. 잭슨은 당시를 떠올리고는 이렇게 적었어요.

왕은 밝은색 천으로 덮인 탁자를 앞에 두고 앉아 있었는데, 탁자에 있는 두 개의 등유 램프가 방 전체를 비추고 있다. 왕은 키가 큰 내시들 옆이라 오히려 왜소해 보였으나, 대화를 시작하자 왕의 얼굴은 흥미와 지적 호기심으로 밝아졌다.

(중략)

왕은 통역관을 통해서 많은 질문을 했는데, 특히 내가 꼬레아에 좋은 인상을 받았는지를 궁금해하는 듯했다.

(중략)

함께 자리한 세자는 얼굴이 둥글고 졸려 보이는 젊은 남자였다. 마찬가지로 우리는 세자에게 소개되었다. 그는 오가는 어떤 이야기에도 흥미가 없어 보였으며, 단답형의 대답 말고는 어떤 말도 하지 않거나 짧게 대답하였다.

특별해 보이는 것은 없었다. 우리는 최대한 공손하게 왕을 알현한 후 절을 세 번 한 뒤에 뒷걸음으로 걸어 나왔다.

서울에서 원산까지 조랑말을 타고 간 잭슨.

잭슨은 남은 여정 동안 도와줄 안내자를 알렌 박사한테 소개받았는데, 박내원이라는 꼬레아인이었어요. 이튿날 아침, 잭슨은 왕이 하사한 호랑이 가죽, 은 상자 등 다양한 선물을 가지고 박내원과 함께 다시 길을 떠났어요.

서울과 원산(함경남도 남쪽)의 중간 지점에서는 쾌활한 성격의 어느 지방관의 대접을 받았지요. 그 지방관은 잭슨에게 가진 것 중에서 최고의 먹을 것과 마실 것을 대접해 주었고, 잭슨은 라이 위스키(미국과 캐나다에서 생산되는 위스키의 한 종류)로 답례했어요.

여행의 후반부에 잭슨은 꼬레아가 더욱 다양하고 매력적으로 느껴졌다는 소감을 밝혔어요. 꼬레아 유람을 마친 잭슨의 마음은 원산의 잘 익은 논밭처럼 꼬레아에 대한 좋은 기억으로 알알이 꽉 차 있었답니다.

꼬레아인 안내자와 하인이 길가 여관에서 식사를 준비하는 모습.

차례

어느 외국인 여행자의 기록 … 4

어서 와! 꼬레아는 처음이지?
이채로운 조선인의 모습 … 10
빵과 잼을 처음 맛본 조선인 … 14
조선의 민속놀이, 석전 … 18
수도 나들이에 나선 상류 계층 여성 … 22
서울에 나타난 최초의 자동차 … 26
한양 거리를 행진하는 군악대 … 30
대한 제국 황제의 행차 … 34
원산 학자와 그 제자들 … 38
제물포의 야간 영어 학교 … 42
한성에서 열린 전차 개통식 … 46
우리나라 최초의 호텔 … 50
프랑스 박람회에서 휘날린 태극기 … 54
우리나라 기자를 보호하기 위한 영국 국기 … 58
전국을 공포로 몰아넣은 호랑이 … 62

[특집] 상상 속의 나라 꼬레아! … 66

꼬레아 역사 저널: 개항 이전
아시아 동쪽의 조선이라는 나라 … 70
프랑스의 조선 원정 … 74
치열한 교전이 벌어진 신미양요 … 78

[특집] 세계 최초의 방탄조끼! ··· 82

꼬레아 역사 저널: 개항 이후
일본 요코하마에 도착한 조선 수신사 ··· 86

조선의 첫 외교 사절단 보빙사 ··· 90

워싱턴 주미대한제국공사관의 모습 ··· 94

청일 전쟁의 발발 ··· 98

조선 왕비의 암살 ··· 102

극비리에 거처를 옮긴 조선의 왕 ··· 106

[특집] 독도는 누가 봐도 우리 땅! ··· 110

꼬레아 역사 저널: 대한 제국
황제의 자리에 오른 고종 ··· 114

경성을 점령한 일본 군인 ··· 118

만국 평화 회의의 참석자들 ··· 122

수도의 폭동을 진압하는 일본군 ··· 126

총으로 이토 암살 ··· 130

궁 밖에 서 있는 천황의 군인들 ··· 134

황제의 그림 같은 장례식 ··· 138

[특집] 우리나라를 도운 외국인들! ··· 142

부록 ··· 145

어서 와! 꼬레아는 처음이지?

1823년 영국에서 그려진 조선인 그림.

미지의 나라, 은둔의 나라인 꼬레아를 여행한 외국인들.
꼬레아인의 독특한 의식주에 외국인들은 고개를 젓기도 하고,
깜짝 놀라기도 하지만, 곧 꼬레아라는 아름다운 나라에 매료되지요.
외국인들은 우리나라를 꼬레아라고 불렀어요.

나라마다 의식주 문화가 다르다고 하지만 은둔의 나라였던 우리나라의 모습은 더욱 낯설게 느껴졌을 거야. 하지만 파란 눈 외국인에게 금세 다가와 호기심 어린 눈빛으로 말을 건네는 모습에서 따뜻한 정이 넘치는 민족이라는 걸 톰 브라운 기자도 느끼지 않았을까?

이채로운 조선인의 모습
-영국 런던 주간지 《더 그래픽》 기사

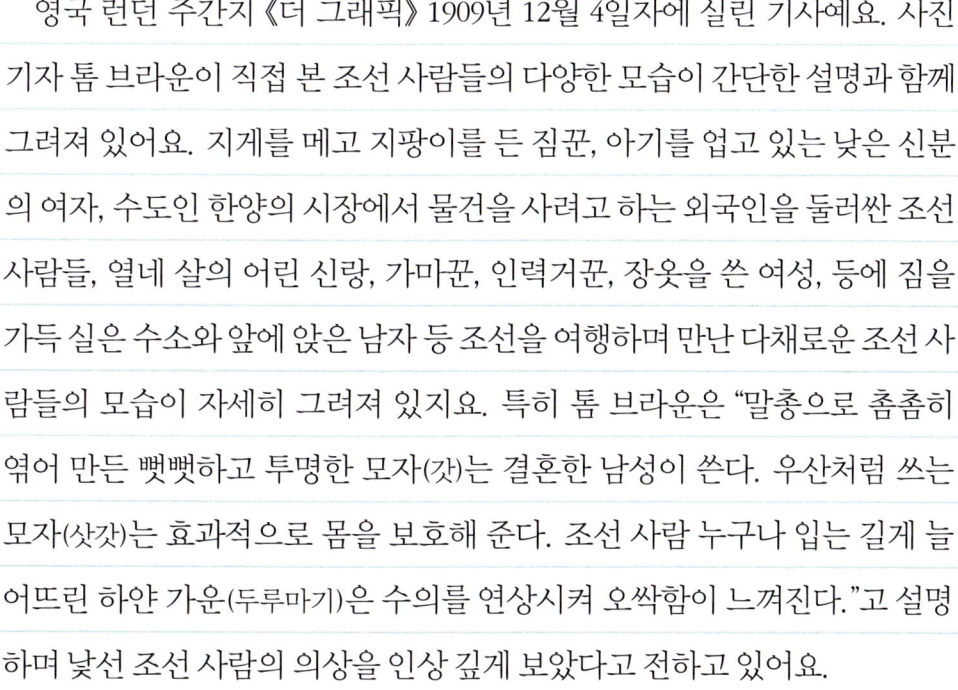

조선은 특이한 모자를 쓰는 나라다.
조선인 누구나 입는 길게 늘어뜨린 하얀 가운은
수의를 연상시켜 오싹함이 느껴진다.

   영국 런던 주간지 《더 그래픽》 1909년 12월 4일자에 실린 기사예요. 사진 기자 톰 브라운이 직접 본 조선 사람들의 다양한 모습이 간단한 설명과 함께 그려져 있어요. 지게를 메고 지팡이를 든 짐꾼, 아기를 업고 있는 낮은 신분의 여자, 수도인 한양의 시장에서 물건을 사려고 하는 외국인을 둘러싼 조선 사람들, 열네 살의 어린 신랑, 가마꾼, 인력거꾼, 장옷을 쓴 여성, 등에 짐을 가득 실은 수소와 앞에 앉은 남자 등 조선을 여행하며 만난 다채로운 조선 사람들의 모습이 자세히 그려져 있지요. 특히 톰 브라운은 "말총으로 촘촘히 엮어 만든 뻣뻣하고 투명한 모자(갓)는 결혼한 남성이 쓴다. 우산처럼 쓰는 모자(삿갓)는 효과적으로 몸을 보호해 준다. 조선 사람 누구나 입는 길게 늘어뜨린 하얀 가운(두루마기)은 수의를 연상시켜 오싹함이 느껴진다."고 설명하며 낯선 조선 사람의 의상을 인상 깊게 보았다고 전하고 있어요.

조선의 첫인상

1858년, 부산포에 정박한 영국인들은 아름다운 조선의 자연과 풍광을 보고 찬사를 아끼지 않았어요. 영국 주간지 《더 일러스트레이티드 런던 뉴스》 1858년 4월 24일자에는 조선에 대한 첫인상이 이렇게 나와 있어요.

《더 일러스트레이티드 런던 뉴스》에 실린 부산포 모습(위)과 조선인들의 모습(아래).

주민들은 흘러내리는 듯한 겉옷과 이상하고 높게 솟은 검은색 모자를 썼다. 옷은 거의 흰색으로 모시 혹은 면직물이다. 조끼는 여미지 않고 걸쳐 입었다. 허리에는 허리띠를 차고, 바지는 발목 부위에서 묶고, 발은 면 스타킹으로 감쌌으며, 신기한 짚으로 만든 신발을 신었다.

강화도 조약(1876년 조선과 일본 사이에 맺어진 불평등 조약)에 따라 부산·인천·원산의 세 항구를 개항(다른 나라와 서로 물품을 사고팔 수 있게 항구를 개방하여 외국 선박의 출입을 허가함)이 이루어지자 조선에 미국, 영국, 독일, 이탈리아, 러시아, 프랑스 등 세계의 열강들이 앞다투어 들어왔어요. 외교관과 선교사, 사업가와 여행객까지 다양한 부류의 사람이 들어왔고, 이들은 보고, 듣고, 느낀 조선에 대한 감상을 기록하여 각국의 나라에 전했지요.

우리 민족 고유의 옷 '한복'

미국의 월간 잡지 《하퍼스 먼슬리 매거진》에 실린 사진이에요. 외출복을 입은 우리나라 여성이 소녀와 함께 서 있어요. 우리 민족 고유의 옷인 '한복'은 남자는 허리까지 오는 저고리에 통이 넓은 바지를 입고 아래쪽을 대님으로 묶으며 여자는 짧은 저고리에 여러 색깔의 치마를 입었어요. 발에는 남녀 모두 버선을 신고, 바깥 출입을 할 때 남자는 두루마기를 덧입고, 여자는 외출할 때 얼굴을 보이면 안 되었기 때

《하퍼스 먼슬리 매거진》에 실린 외출복을 입은 조선 여성의 사진.

문에 장옷 또는 쓰개치마를 썼지요. 장옷은 두루마기와 비슷하게 생겨서 소매가 있고, 쓰개치마는 치마와 같은 모양으로, 폭과 길이가 짧고 주름을 잡아 만들었어요. 여자들은 어릴 때 입는 한복과 결혼하고 나서 입는 한복의 색깔이 달랐어요. 어릴 때는 다홍색 치마에 색동저고리나 노란색 저고리를 입고, 결혼한 후에는 남색 치마에 옥색 저고리를 입었지요. 또 외출할 때 얼굴을 가리기 위해 썼던 장옷도 젊으면 청·녹·황색을, 나이가 많으면 흰색을 썼지요.

모자의 왕국, 조선

영국 런던의 주간지 《더 그래픽》 1904년 3월 5일자에 실린 그림이에요. 흰 옷에 갓을 쓰고 담뱃대를 문 채 밀밭을 지나는 조선 사람의 모습이지요. 기사는 "밀밭에서 일렬로 지나가는 사람들의 머리 모양을 보게 되었다. 머리에 이색적인 모자를 쓰고 긴 파이프 담배를 피우고 있었다."고 전하고 있어요.

《더 그래픽》에 실린 담뱃대를 문 채 밀밭을 지나는 조선 사람의 모습 그림.

서양인이 처음 우리나라를 방문했을 때 가장 신기하게 생각했던 건 '모자'예요. 조선 시대에는 신분과 상관없이 장소나 상황에 따라 착용하는 수많은 형태의 모자가 있었으니까요. 19~20세기 초 조선에 온 서양인들이 남긴 기록을 보면 한결같이 우리나라를 "모자의 나라"로 표현하고 있어요. 1892년 조선에 왔던 프랑스 학자 샤를 바라는 《투르 드 몽드》라는 책에서 "조선은 모자의 왕국"이라고 표현했고, 1905년 앙리 갈리는 저서 《극동 전쟁》에 "조선의 모자 종류는 4000종이 넘을 것"이라고 썼어요.

임금님이 쓰는 의식용 모자인 '면류관', 집무용인 '원유관', 일상용인 '익선관' 등이 있고, 양반이 쓰는 모자로, 관복을 입을 때 쓰던 '사모', 평상시에 쓰던 '갓', 유생이 쓰던 실내용 두건인 '유건', 무관이나 사대부가 쓰던 '전립' 등이 있어요. 평민도 갓을 썼는데, 갓끈으로 평민은 저렴한 헝겊 끈을 쓰고, 양반은 값비싼 보석인 마노, 호박으로 갓끈 장식을 했어요. 또 갓은 색깔에 따라 쓰임이 달라 평소에는 검정색 갓인 '흑립'을, 국가 장례나 부모상을 당했을 때는 흰색 갓인 '백립'을, 간편복을 입을 때는 붉은색 갓인 '주립'을 썼지요.

COREA WITH BREAD AND JAM

DEGREES OF ECSTACY: "BREAD AND BUTTER," AND "BREAD AND BUTTER WITH JAM"

HE MEETS HIS MATCH—AND STRIKES

빵과 잼을 처음 맛본 조선사람 입안에서는 신세계가 터졌을 거야. 나도 부드러운 모닝빵에 딸기잼 발라 먹는 거 진짜 좋아하는데! ♥.♥

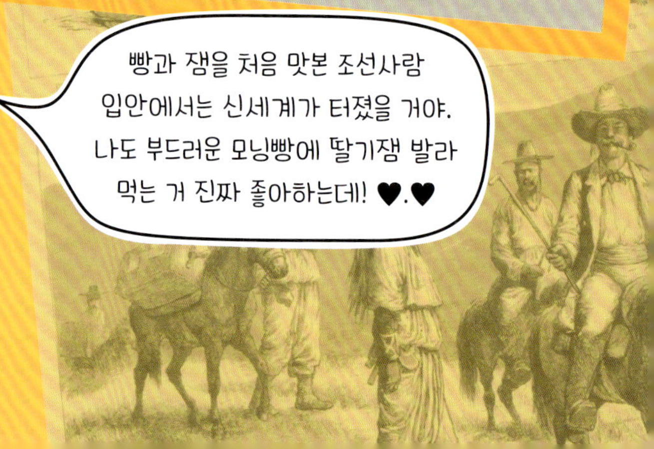

빵과 잼을 처음 맛본 조선인
-영국 런던 주간지 《더 그래픽》 기사

자, 이거 한번 먹어 보세요.
겉은 딱딱하지만 속은 폭신한 빵, 고소한 버터, 달콤한 잼.
처음 먹어 보는 신비로운 맛에 홀딱 반할 거예요!

    1888년 12월 22일자 영국 런던 주간지 《더 그래픽》에는 난생처음 빵과 버터와 잼을 맛본 조선 사람들의 모습과 외국인이 건네는 담배를 집는 조선인의 모습이 실렸어요. 이 기사에 실린 그림은 영국인 여행자가 여행 중에 만난 사람들을 그림으로 그린 것이에요. 노란 머리에 파란 눈, 하얀 피부색의 서양인을 처음 본 사람들은 낯선 이들을 반기지 않았어요. 게다가 서양인이 어린아이를 잡아먹는다는 소문을 듣고 이들을 더 멀리했지요. 이때 한 영국인 여행자가 우리나라 사람에게 빵과 버터와 잼, 담배와 성냥 등을 나눠 주며 호감을 샀어요. 서양 음식과 물건을 처음 본 사람들은 경계심을 풀고 영국인 여행자가 안전하게 여행을 마칠 수 있게 도와주었다고 해요. 그림 속 우리나라 사람들의 표정을 잘 보세요. 처음 빵과 잼을 맛본 우리나라 사람들의 오묘한 표정과 몸짓이 그 맛을 궁금하게 해요. 그리고 곰방대를 입에 문 조선인과 궐련(얇은 종이로 말아 놓은 담배)을 피우는 영국인의 대조적인 자세와 외국인이 신은 구두를 신기하다는 듯 만지작거리는 어린아이의 몸짓이 웃음을 줘요.

서양 문물과의 설레는 만남

우리나라에 성경을 최초로 전달한 알세스트호의 존 매클라우드가 쓴 1816년 《조선의 서해안 항해기》에 마량진 첨사(조선 시대에 수군을 거느려 다스리던 무관 벼슬) 조대복이 조선인 최초로 성서를 받고 체리 브랜디(과실을 증류하여 만든 술을 통틀어 이르는 말)를 마신 사실 등이 수록되어 있어요. 또 제너럴셔먼호 사건(1816년에 대동강을 거슬러 올라와 평양에 이르러 통상을 요구하던 미국의 상선 제너럴셔먼호가 평양 군민과 충돌하다가 불에 타서 침몰한 사건)을 항의하기 위해 군함을 이끌고 인천 앞바다에 나타난(신미양요) 미국 로저스 함대는 월미도에 잠시 상륙하여 어부들을 군함으로 초대하기도 했어요. 외국의 잡지에 실린 왼쪽 사진은 미국 군함에 찾아온 월미도 촌장으로, 로저스 제독이 선물한 맥주를 손에 가득 들고 있어요.

로저스 제독이 선물한 맥주를 가득 들고 있는 월미도 어촌 마을의 촌장.

개항 이전 서양인과의 만남은 곧 신문물과의 접촉을 의미했어요. 서양에서 전해진 술과 빵, 잼 등의 먹거리는 바닷가 사람들의 관심거리였지요. 오른쪽 그림은 개항 이후 서양의 배가 공식적으로 항구에 들어오면서 항구 주위에 사는 사람들이 한번쯤 얻어먹어 본 음식과 술의 맛을 떠올리면서 입항하는 배를 먼발치에서 바라보는 장면을 담았어요. 삼삼오오 모여 배가 들어오기만을 기다리며 담배를 물고 있는 모습이 사실적으로 그려져 있지요.

서양 배가 들어오는 모습을 호기심에 차서 지켜보는 사람들을 실은 기사의 그림.

째깍째깍 시계 광고

조선에는 세종 대왕 때 만들어진 해시계 '앙부일구'가 있었어요. 앙부일구는 '솥뚜껑을 뒤집어 놓은 듯한 모습을 한 해시계'라는 뜻이지요. 앙부일구는 구 모양으로 오목한 안쪽 바닥에 설치된 막대에 해그림자가 생겼을 때 그 그림자의 위치로 시각을 측정해요. 해그림자를 만드는 끝이 뾰족한 막대를 '영침'이라고 하고, 영침의 끝을 중심으로 삼아 막대의 축을 북극에 일치

앙부일구.

시켰어요. 영침 둘레에는 시각을 가리키는 시각선이 세로로 그려져 있으며, 그 시각을 십이지로 표시했는데, 글을 모르는 백성을 위하여 쥐, 소, 호랑이, 토끼 등 십이지 동물을 그림으로 그려 넣었지요. 조선 시대에는 앙부일구 말고도 현주일구, 천평일구, 정남일구, 일성정시의, 신법지평일구, 간평일구, 혼개일구 등 다양한 형태의 해시계가 만들어졌어요.

기계식 시계가 처음 우리나라에 들어온 것은 조선 중기 때예요. 최초의 기계식 시계는 14세기에 만들어졌는데, 1631년 진주사(조선 시대에 중국에 청할 일이 있을 때 보내던 사절)로 명나라에 간 정두원이 귀국할 때 자명종을 가져왔지요. 기계식 시계가 우리나라에 본격적으로 선보인 때는 1900년대 초예요. 개화(새로운 사상, 문물, 제도 따위를 가지게 됨)가 이루어지고 신식 물건이 많이 들어오면서 시계도 함께 소개되었지요.

미국 시계 회사의 광고지.

1917년 무렵부터는 다양한 잡지나 신문에 시계 광고가 많이 실렸어요. 왼쪽 그림은 우리나라에 진출한 미국 시계 회사의 광고지예요. 1854년에 설립된 이 시계 회사는 아시아권으로 진출하면서 중국, 러시아, 일본 등에 판매점을 내고, 대한 제국에서도 신문에 광고를 하며 판매했어요.

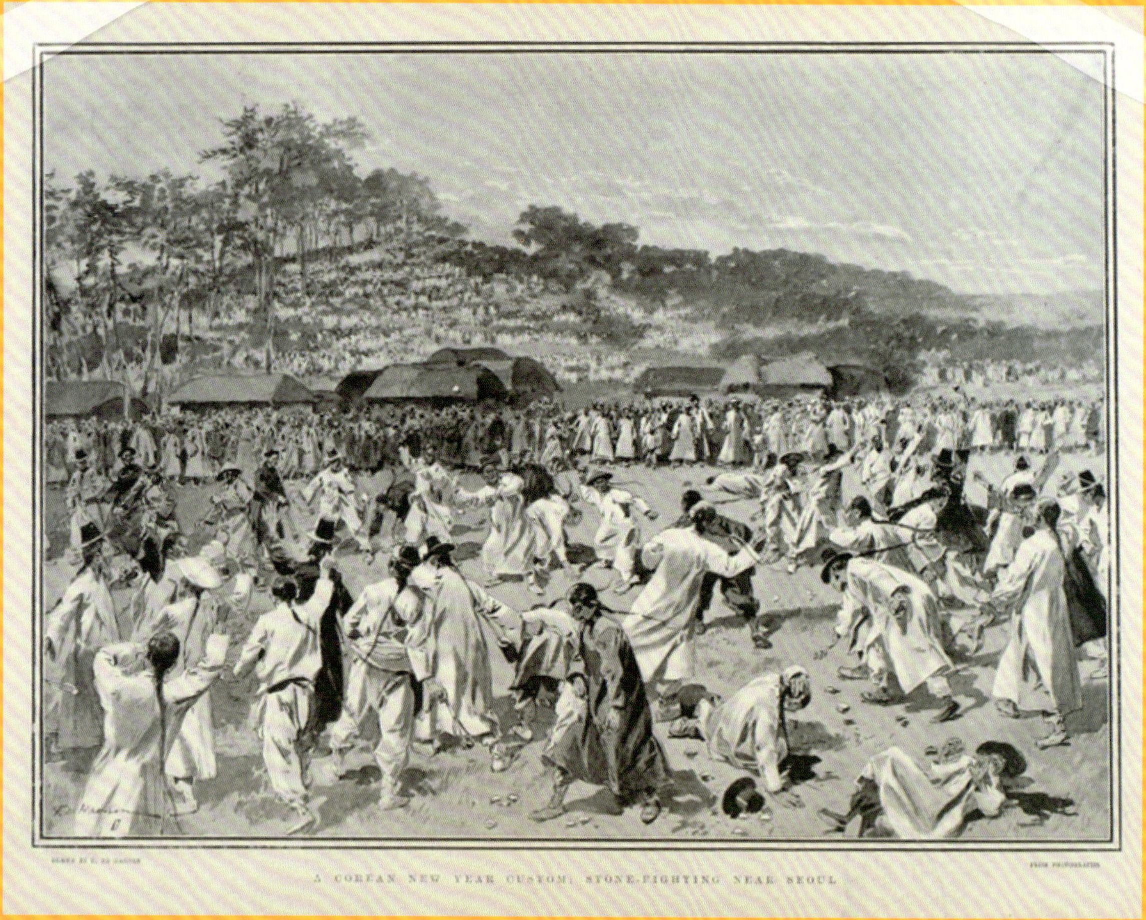

석전을 하다가 돌에 맞아 상처가 나도 훈장처럼 자랑스럽게 여겼다니, 못 말려! -_-::
자기 아들이 싸움에 져서 집으로 도망 오면 어머니는 대문을 열어 주지 않고 꾸짖어 되돌아가게 하여 끝까지 싸우게 했다니, 더 못 말린다니까! -_-::::

조선의 민속놀이, 석전
-영국 런던 주간지 《더 그래픽》 기사

미국인이 자기 도시 소속 야구 선수를
자랑스러워하는 것만큼
조선 사람도 자기 마을의 투석꾼을
자랑스러워한다.
-영문 월간 잡지 《코리아 리뷰》

　1902년 2월 8일자 영국 런던 주간지 《더 그래픽》에 실린 '석전'의 모습이에요. 영국의 판화 작가가 서울 근처에서 찍은 사진을 바탕으로 생동감 있게 묘사한 그림이지요. 석전은 강이나 개천 또는 넓은 도로를 사이에 두고 서로 편을 갈라 돌을 던지며 싸우는 우리나라 고유의 민속놀이예요. 수나라의 역사서인 《수서》〈동이전〉'고구려조'에 석전에 대한 기록이 있어 그 역사가 아주 오래되었음을 알 수 있어요. 석전은 주로 정월 대보름에 행해졌는데 지역에 따라서는 단오나 추석에도 벌어졌어요. 한 해의 풍년을 기원하고 신체를 단련하기 위한 목적으로 시작된 석전은 전쟁을 대비한 군사 훈련으로도 행해졌어요. 이 때문에 일제는 석전을 무예 훈련으로 여겨 군대를 파견해 석전을 못 하게 했어요. 1908년 음력 정월 그믐, 마침내 한양에서 석전이 완전히 금지되었지요.

더 멀리, 더 세게 던져야 해!

기산 김준근의 풍속화 〈석전놀이〉.

석전을 할 때 승패를 가르는 가장 중요한 기술은 누가 돌을 더 멀리, 더 세게 던지느냐는 것이었어요. 돌을 던지는 방법으로는 손에 쥘 수 있을 정도의 돌을 직접 힘차게 던지는 방법과 도구를 쓰는 방법이 있었지요. 도구를 쓸 때는 주로 닥나무의 질긴 섬유질로 만든 60~80센티미터 정도의 긴 노끈에 돌을 감싼 후 빙빙 돌려서 멀리 날려 보냈는데, 이때 노끈 대신 한복 바지 끝에 발목을 졸라매는 '대님'을 이용하기도 했어요.

명절에 즐기는 재미있는 전통 놀이

우리나라는 해마다 명절이면 음식을 장만하여 조상들께 차례를 지내고, 여러 가지 전통 놀이를 하며 즐거운 시간을 보냈어요. 한 해의 풍요와 건강과 행복을 기원하는 의식이지요.

설날(음력 1월 1일)에는 떡국을 먹고, 윷놀이, 널뛰기 등을 해요. 정월 대보름(음력 1월 15일)에는 새벽에 귀밝이술을 마시고 부럼을 깨물며 약밥, 오곡밥 등을 먹어요. 또 석전, 고싸움놀

프랑스 잡지 《르 미흐와》에 실린 널뛰기 사진.

이, 줄다리기, 오광대놀이 등을 하지요. 단오(음력 5월 5일)에는 단오떡을 해 먹고, 여자는 창포물에 머리를 감고 그네를 뛰며, 남자는 씨름을 해요. 추석(음력 8월 15일)에는 송편을 빚고, 햅쌀과 햇과일을 먹으며 강강술래, 가마싸움 등을 하지요.

고종 생일에 펼쳐진 줄타기 공연 놀이

《더 그래픽》에 실린 고종의 생일을 맞아 궁정에서 열린 줄타기 공연 모습을 그린 장면.

1894년 11월 3일자 영국 런던 주간지 《더 그래픽》에 실린 기사의 그림이에요.

고종의 생일을 맞아 궁정에서 열린 줄타기 공연이 한창이에요. 한 손에 부채를 쥐고 옷자락을 휘날리며 신나게 줄을 타고 있는 줄광대의 모습이 인상적이지요. 마당에는 장구와 북 등의 악기로 장단을 맞추는 악사들과 궁중 신하들을 비롯해 초대받은 영국 장교들의 모습도 보여요.

우리나라의 전통 공연 예술인 줄타기는 공중에 매단 줄 위에서 줄꾼이나 줄광대가 재미있는 이야기와 노래, 몸짓 등을 섞어 가며 여러 가지 재주를 보여 주는 놀이예요. 주로 단옷날, 추석 등의 명절과 생일이나 기념일, 잔칫날에 초대되어 벌어졌어요. 줄타기 기술은 앵금뛰기, 두무릎꿇기, 옆쌍홍잽이, 책상다리, 발뻗기, 허궁잽이 등 마흔 가지가 넘고, 보통 너댓 시간 동안 놀지요. 몸 기술만 쓰는 외국의 줄타기와는 달리 우리나라 줄타기는 줄꾼과 줄광대가 노래와 재치 있는 이야기를 곁들이고 줄 타는 사람과 구경꾼이 함께 어우러진다는 점에서 그 의미가 커요. 이 점을 인정받아 우리나라 국가 무형 문화재인 줄타기가 2011년에 유네스코 세계 무형 유산으로 지정되었답니다.

수도 나들이에 나선 상류 계층 여성
– 미국 뉴욕 신문 《크리스천 헤럴드》 표지 기사

흔들흔들 가마 타고, 하나 둘 셋 찰칵!
힘센 가마꾼도 여기 보세요.
하나 둘 셋 찰칵!

높은 사람이 탄 가마일수록 가마꾼이 많았대. 세자는 14명, 왕은 무려 20명의 가마꾼이 가마를 메었다고 해.

    1904년 1월 27일 미국에서 발행된 신문《크리스천 헤럴드》표지 기사에 우리나라의 이동 수단인 '가마'에 관한 기사가 실렸어요. 기사에는 가마에 탄 높은 계급의 여성과 두 명의 가마꾼, 그리고 그 옆에 함께 걸어가는 낮은 신분의 여성의 모습이 담겨 있지요. 이 그림은 우리나라를 방문한 외과 의사이자 선교사인 존슨 박사가 촬영한 사진을 바탕으로 그린 그림이에요. 가마는 우리나라에 교통수단이 발달하지 않았을 때 주로 신분이 높은 사람이 타고 다녔는데, 한 사람이 안에 타고, 앞뒤에서 두 사람 또는 네 사람이 가마채를 손으로 들거나 끈으로 매어 운반해요. 상류 계층의 가마가 지나갈 때 하인들은 가늘고 높고 긴 소리인 '권마성'를 내어 길을 물리라고 알렸어요. 또 맞은편에서 다른 가마가 오면 길을 비키지 않고 서로 실랑이를 벌이기도 했대요. 이러한 가마가 언제부터 생겨난 것인지는 정확히 알 수 없어요. 다만 신라 시대 유물 중에 가마의 형태와 비슷한 모양이 새겨진 기와가 출토되었고, 고구려의 안악 3호분에서 호화로운 가마에 앉아 있는 주인과 부인의 모습이 그려진 벽화가 발견되면서 삼국 시대부터 가마가 쓰인 것으로 짐작해요.

길을 물리시오!

가마는 타는 사람의 신분에 따라, 또 이용하는 목적에 따라 종류가 다양해요. 왕이 타는 '연', 공주와 옹주가 타는 '덩', 종2품 이상의 고위 관리가 타는 '초헌', 초상 때 상제가 타는 '삿갓 가마', 혼례 때 신부를 태우는 '사인교', 사람은 타지 않고 물건을 운반하는 '교여', 왕실의 의식 때 귀중한 물건을 실어 나르는 '채여' 등 그 종류만 열 가지가 넘지요. 아래의 여러 가지 그림은 1887년 4월 2일자 영국 런던 주간지 《더 그래픽》에 실린 여러 가마의 모습이에요.

조선인 고위 관리의 행차 때 바깥에서 대기하고 있는 가마꾼들의 모습.

뚜껑 없이 의자처럼 생긴 가마(남여)를 탄 벼슬아치의 모습.

가마꾼의 애환을 노래한 시 〈견여탄〉

사람 무게에 가마 무게까지 더해진 가마를 들고 앞뒤좌우로 균형을 맞추며 울퉁불퉁한 길을 오랜 시간 걷는 일은 무척 힘들어요. 특히 높은 계급의 사람을 모신 가마일수록 더 조심히, 더 안정감 있게 가마를 들어야 했지요. 그래서 가마꾼들은 발을 보호하기 위해 한여름에도 버선을 신었다고 해요.

조선 후기의 문신이자 실학자인 다산 정약용은 이러한 가마꾼들의 애환을 〈견여탄〉이라는 시에 담았어요. '견여탄'은 '가마꾼의 탄식'이라는 뜻으로, 정약용의 저서 《여유당전서》 6권에 전하고 있지요. 60행의 비교적 긴 한시인 〈견여탄〉은 가마꾼을 소재로 하고 있지만 단순히 가마꾼들의 고충만을 그린 건 아니에요. 가마꾼의 삶을 통해 백성의 괴로운 삶과 가마를 타고 희희낙락하는 관리의 횡포와 모순된 현실을 시 속에 드러냈지요. 뿐만 아니라 정약용은 조선 최고의 실학자답게 고단한 백성의 삶을 임금에

1900년대 초에 촬영된 가마꾼 사진.

게 고하고 임금이 가장 아래에 있는 백성의 삶까지 살피기를 바라는 마음을 시에 담았어요.

> 사람들은 앉아 타는 가마의 즐거움만 알고 가마 메는 괴로움은 알지 못하네.
> 가마 메고 높은 비탈길을 오를 적에 빠르기는 산을 오르는 사슴 같고,
> 가마 메고 벼랑길을 내려 갈 때에 빠르기는 우리 돌아가는 양 떼 같으며,
> 가마 메고 깊은 골짜기 건너뛸 때면 다람쥐가 달리며 춤추는 것 같다오.
> (중략)
> 힘이 다 빠진 채로 밭으로 돌아오니 끙끙거리면서도 말 한마디 못하는
> 실낱 같은 목숨이네.
> 내 가마꾼 그림을 그려 돌아가 밝으신 임금께 바치고자 하노라.

가마를 타고 산수 유람을 떠나는 사대부들

조선 시대 사대부(양반을 일반 평민층에 상대하여 이르는 말)들은 백두산, 금강산, 지리산, 속리산, 가야산 등지로 산수 유람을 다니기 위해서 말과 당나귀, 가마를 이용했어요. 특히 가마는 사대부들이 장거리 여행을 할 때 많이 사용했지요. 16세기 이후에는 뚜껑이 없고, 의자와 비슷하게 생긴 '남여'가 많이 쓰였어요. '남여'는 의자 아래에 두 개의 긴 채를 꿰어 앞뒤에서 두 사람이 어깨에 메고 가는 가마

정선, 〈백천교〉.

인데, 다른 가마에 비해 크기가 작아 산길이나 좁은 길을 가기에 맞춤이었지요.

남여를 메는 일은 산속 지리를 잘 아는 승려들이 담당했어요. 각 절마다 가마를 전문으로 메는 승려가 있었지요. 위의 그림은 〈인왕제색도〉, 〈금강전도〉 등을 그린 조선 후기의 화가 정선의 〈백천교〉라는 작품인데, 1711년에 학자 김창흡의 여섯 번째 금강산 유람에 동행하여 이 그림을 그렸어요. 백천교는 외금강 유점사 아래에 자리하고 있어 가마를 타고 금강산 유람을 온 자들이 이곳에서 나귀로 갈아타는 지점이었어요. 갓을 쓴 선비들이 넓은 바위에 앉아 주변 경관을 둘러보고 있고, 흰 고깔을 쓴 승려들은 가마를 내려놓고 한쪽 옆에서 쉬고 있는 모습이 그려져 있어요.

서울에 나타난 최초의 자동차

-영국 런던 주간지 《더 그래픽》 기사

자동차를 처음 본 조선인들이 혼비백산해
사방으로 흩어졌다.
들고 가던 짐도 팽개친 채 숨기에 바빴다.
짐을 싣고 가던 소와 말도 놀라
길가 상점이나 가정집으로 뛰어들었다.

    1909년 2월 20일자 영국 런던 주간지 《더 그래픽》에는 서울에 처음 나타난 자동차에 관한 기사가 실렸어요. 1908년 3월에 프랑스 공사의 붉은색 자동차가 서울에 나타나자, 이를 본 사람들은 괴물이 나타났다고 생각하고 혼비백산해 달아나기 바빴어요. 들고 가던 짐을 팽개치는 사람, 여기저기 숨을 곳을 찾아 뛰어가는 사람, 귀신을 보았다고 기도를 하는 사람이 있는가 하면, 짐을 싣고 가던 소와 말도 놀라 길가 상점으로 뛰어 들어갔다고 해요. 당시 《대한매일신보》에서 사진 기자로 일하던 영국인 앨프레드 맨험이 이 광경을 사진으로 찍었고, 일 년 뒤 영국 런던 주간지 《더그래픽》에서 사진을 바탕으로 그린 그림을 기사로 실은 것이에요.

귀신이 괴물을 타고 나타났다!

1909년 3월 7일자 프랑스 일간지 《르 프티 주르날》에도 '조선에 처음 선보인 자동차가 초래한 결과'라는 제목으로 우리나라에서 처음 자동차가 나타난 날의 모습에 대한 기사를 싣고 있어요.

조선에 처음으로 자동차가 나타난다면 어떤 일이 벌어질까? 결과는 진정한 공포 그 자체였다. 조선인들은 사람의 모습을 한 귀신이 괴물을 타고 나타났다고 생각하였다. 당시 현장 사진에 따르면 사람들은 혼비백산이 되어 달아났으며, 그 모습을 생생하게 표현한 그림이 본지 맨 마지막 장에 실려 있다.

프랑스 일간지 《르 프티 주르날》에 실린 최초의 자동차 그림.

우리나라 사람들이 처음 본 자동차는 프랑스 공사가 일본에서 가져온 붉은색의 이탈리아제 란치아 승용차였어요. 1908년 3월 일본 고베에서 근무하다 서울로 전근을 오게 된 프랑스 공사는 일본에서 타고 다니던 자동차와 모터보트 한 척을 배에 싣고 부산항에 내렸어요. 그런 다음 자동차와 보트를 경부선 열차 편으로 서울까지 가져온 것이지요.

하지만 한일 강제 병합이 되어 나라를 빼앗기게 된 이듬해인 1911년에 일제는 조선에 머물던 외국 사절들을 강제로 추방해 자기 나라로 돌려보냈어요. 이때 프랑스 공사도 자동차를 가지고 돌아가려 했으나 보낼 수송 수단이 마땅치 않아 우리나라 왕실에 팔게 되었지요. 이후 이 자동차는 순종 황제가 가끔 타고 다녔다고 해요.

부릉부릉, 오토바이가 나가신다!

1916년 7월호 《월드 아웃룩》에 오토바이를 탄 선비의 모습이 실렸어요. 이 잡지는 미국 감리교의 외국 선교 위원회에서 발간한 것으로, 많은 선교사가 세계 각지에서 선교 활동을 하며 신앙뿐만 아니라 서구의 선진 문물을 함께 전했는데, 선교 위원회는 이러한 소식들을 잡지에 실어 자신들의 활동과 정보를 제공했어요.

우리나라 역시 개항 이후 많은 선교사가 들어와 서구의 다양한 신문물과 문화를 전했고, 빠른 속도로 우리나라 사람들의 전통적 생활 방식이 변했지요. 오토바이를 탄 선비가 갓끈과 도포 자락을 휘날리며 놀란 표정을 짓는 모습과 날개를 푸드덕거리며 우왕좌왕하는 닭들의 모습이 무척 생동감 있게 느껴져요. 이 그림만 봐도 조용한 아침의 나라에 큰 충격과 변화가 있음이 실감 나요.

《월드 아웃룩》에 실린 오토바이 그림.

사람이 끄는 수레, 인력거

개항 이후 우리나라의 탈것에도 변화가 생겼어요. 1894년(고종 31년)에 인력거가 서울 시내와 서울에서 인천 구간을 운행하게 된 것이지요. 인력거는 사람이 끄는, 바퀴가 두 개 달린 수레를 말해요. 이 수레에 사람이 앉을 자리를 만들어 한 사람 또는 두 사람을 태우고 다녔지요. 우리나라에 인력거를 들여온 사람은 일본인 하나야마예요. 하나야마는 인력거 열 대를 수입해 들여와 운행을 시작했어요. 그렇다 보니 처음에 인력거를 끄는 인력거꾼은 일본인이었지요. 그 후 인력거가 많아지면서 인력거꾼도 우리나라 사람으로 바뀌었어요. 인력거는 평양, 부산, 대구 등의 지방 도시에까지 빠르게 보급되었고, 기존에 타던 가마를 대신해 새로운 교통수단으로 많이 이용되었지요. 1911년 말 전국의 인력거는 1,217대였고, 1923년에는 4,647대까지 늘어났어요. 하지만 1931년에 급격히 증가한 자동차에 밀려 인력거는 2,631대로 줄어들었고, 광복 무렵에는 완전히 자취를 감추었어요.

인력거꾼과 손님.

군악대는 연습을 시작한 지 여섯 달 만에 이탈리아 가곡 한 곡과 독일 행진곡 한 곡을 연주했대. 실력이 엄청나게 성장한 셈이지. 우리 군악대의 연주를 감상한 외신 기자들 모두 "조선인은 음악 천재!"라고 입을 모아 칭찬했다나 봐.

한양 거리를 행진하는 군악대

-영국 런던 주간지 《더 그래픽》 기사

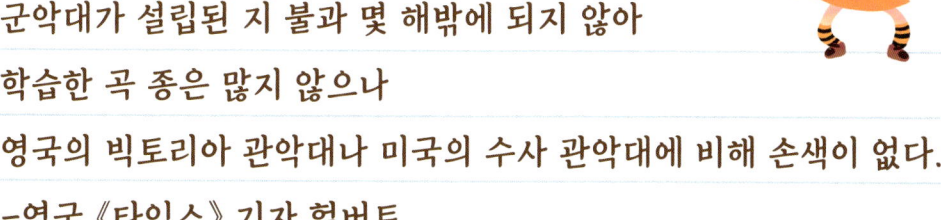

역시 케이팝 조상!

군악대가 설립된 지 불과 몇 해밖에 되지 않아
학습한 곡 종은 많지 않으나
영국의 빅토리아 관악대나 미국의 수사 관악대에 비해 손색이 없다.
-영국《타임스》기자 헐버트

　1904년 2월 20일자 영국 런던 주간지 《더 그래픽》에 한양 거리를 행진하며 연주하는 양악 군악대의 모습이 실렸어요. 1897년 대한 제국으로 국호를 변경하면서 나라의 위상을 높이고자 고종은 군악대를 창설하기로 하고 독일인 음악가 프란츠 에케르트를 불러들였어요. 에케르트는 일본에서 서양 음악과 군악대를 지도하다 1901년(광무 5년) 2월에 악기와 악보 등을 가지고 우리나라에 왔고, 그해 3월 군악대원 오십 명을 선발해 최초의 군악대를 만들었지요. 플루트, 피콜로를 포함해 스무 종이 넘는 서양 악기로 1901년 9월 7일(음력 7월 25일) 고종 황제의 생일을 기념하는 날인 만수성절에 첫 공연을 성공적으로 마쳤어요. 그 뒤 군악대는 나라에 큰 행사가 열릴 때마다 연주를 했어요. 그러다 1907년 9월 1일 일제에 의해 군대가 해산되면서 군악대도 함께 사라졌어요. 1910년 국권 피탈 이후에는 '이왕직양악대'로, 1920년 이후에는 '경성악대'라는 이름의 민간 악대로 활동하다가 1930년에 완전히 해체되고 말았지요.

에케르트, 우리나라에 서양 음악을 가르친 첫 지도자

1896년 5월 러시아 황제 니콜라이 2세의 대관식에 참석한 조선 전권 대사(나라를 대표하여 다른 나라에 파견되어 외교를 맡아보는 최고 직급) 민영환은 러시아 군악대를 보고 우리나라에도 군악대를 만들어야겠다고 생각했어요.

1899년 여름, 고종과 독일의 하인리히 황태자 사이에 군악대 지도자 초청이 거론되면서 1897년에 일본으로 건너가 해군 군무국에서 근무하고 있던 독일의 음악가 프란츠 에케르트가 추천되었지요. 1900년 12월 19일에 대한 제국의 군악대가 만들어지고, 1901년 2월에 에케르트가 우리나라에 들어왔어요. 이때 독일어 학교인 한성덕어학교를 우수한 성적으로 졸업한 백우용이 에케르트의 통역을 맡았는데, 이후 백우용은 지휘자로 성장해 군악대장의 자리에까지 올랐어요.

프란츠 에케르트.

에케르트는 독일 음악을 우리나라에 소개하고, 열정적으로 군악대를 이끌었을 뿐만 아니라, 1904년(광무 8년) 명성 황후의 장례식 때에는 장송곡을 지휘했고, 1902년에는 〈대한 제국 애국가〉를 작곡했어요. 1915년에 양악대가 해산되었지만, 에케르트는 독일로 귀국하지 않고 남은 생을 우리나라에서 보냈답니다.

독일과 대한 제국의 연주 대결

오른쪽은 서울 탑골 공원 팔각정에서 찍은 대한 제국 군악대의 사진이에요. 이곳에 군악대의 연습실과 병사가 있었어요. 가운데 흰 동그라미로 표시한 사람이 에케르트예요.

1905년 3월 독일 황태자가 우리 군악대와의 교환 연주를 제안했어요. 상대는 당시 세계 최고로 정평이 나 있던 독일 해군 군악대였어요.

대한 제국 군악대.

탑골 공원에서 고종과 독일 황태자 일행을 비롯해 각국 외교관과 대한 제국 고위 관계자가 참석한 가운데 연주 대결이 펼쳐졌지요. 두 나라의 군악대는 국가와 자유곡 등 모두 여덟 곡을 연주하기로 했어요. 그런데 준비된 곡을 연주하기 직전, 객석의 제안에 따라 연주 순서가 갑자기 바뀌게 되었지요. 두 나라의 군악대는 당황했지만 서로의 실력을 비교할 수 있는 기회이기도 했어요. 막상막하 연주 대결이 끝나고, 우리 군악대의 실력이 독일에 견주어도 손색이 없을 뿐더러 뛰어난 수준임이 입증되자 이를 기쁘게 본 고종이 현금 1,000원(지금으로 치면 약 2,500만 원)을 군악대에 하사했어요. 이 일은 당시 독일과 영국 일간지에 자세히 보도되었지요.

궁정의 악단과 무희들

아래는 1904년 3월 25일자 프랑스 주간지 《라 비 일뤼스트레》에 실린 기사예요. 궁에서 열릴 연회를 앞두고 예행연습을 하던 날, 고종 황제의 이복형인 이재선의 초청으로 프랑스 기자 앵거스 해밀턴이 참석해 궁정의 악단과 무희들에 관해 취재했어요.

다양한 색깔의 치마에 소매가 손보다 길고 넓은 반투명 비단으로 만든 저고리를 입고, 은 장신구로 장식한 무거운 머리를 한 무희들이 음악에 맞춰 천천히 춤을 추는 장면을 본 기자는 무희들을 "완벽한 예술가"라고 말했어요. 또 비파, 대금, 장구, 북 등으로 구슬픈 음악을 연주하는 악단에 대해서는 "높은 수준의 훌륭한 기량으로 완벽한 결과를 만들어 낸다"고 평했지요.

기사에 실린 그림은 프랑스 화가 드 라 네지에르가 실물을 보고 그린 스케치예요.

《라 비 일뤼스트레》 기사. 칼춤(위), 조선의 궁정 무희들(가운데), 호전적 의상과 종교적 의상(아래).

《라 비 일뤼스트레》 기사. 조선의 궁정 악사들(위, 아래), 고종 황제의 악단장(가운데).

UNE CÉRÉMONIE ANNUELLE EN CORÉE — LA PROMENADE DE S. M. YI-HÖNG DANS SÉOUL

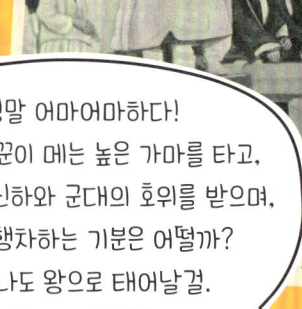

우아, 정말 어마어마하다!
십여 명의 가마꾼이 메는 높은 가마를 타고,
수십, 수백 명의 신하와 군대의 호위를 받으며,
서울 거리를 행차하는 기분은 어떨까?
부러워라, 나도 왕으로 태어날걸.
다음 생에 예약! 꾹!

대한 제국 황제의 행차
-프랑스 주간지 《라 비 일뤼스트레》 기사

이 행차는 규모 면에서 압도적입니다.
방방곡곡에서 모인 군대가 동원되어
황제가 탄 가마를 둘러싸고 호위합니다.

길을 비키시오.
황제 행차요!

    1904년 1월 29일자 프랑스 주간지 《라 비 일뤼스트레》 기사에 대한 제국 황제의 행차 장면이 실렸어요. 위쪽 사진은 고종 황제와 황태자(순종)가 두 개의 연(임금이 타는 가마)에 나눠 타고 흰 두건을 쓴 승려와 군인들에 둘러싸여 행차하는 모습이에요. 아래쪽 사진은 고종 황제가 탄 연이 구식 총과 갈고리 모양 창으로 무장한 군대의 호위를 받으며 한양의 한 교량(다리)으로 진입하는 모습이고요. 황제는 일 년에 한 번씩 조상들의 묘를 찾는 연례행사 때, 중국에서 고위급 사신이 왔을 때, 나들이를 갈 때 연을 타고 행차하지요. 기사는 이 모습을 그린 그림과 함께 고종 황제의 초상화를 그린 화가 드 라 네지에르와의 인터뷰를 실었어요. 다음은 인터뷰의 내용이에요.

Q. 황제는 백성들 앞에 모습을 보이기도 합니까?
A. 일 년에 한 번이요. 이 행차는 규모 면에서 압도적입니다. 방방곡곡에서 모인 군대가 동원되어 황제가 탄 가마를 둘러싸고 호위합니다. 행렬은 서울 근교에 있는 왕조의 조상들 묘역으로 향합니다. 그곳에서 몇 차례 절을 하고 기원 의식 절차가 끝나면 황제는 동일한 예식에 따라 다시 궁으로 돌아갑니다.

외국 신문에 실린 황제의 행차 소식

왕의 행차는 화려하고, 웅장해서 볼거리가 많아요. 우리나라에 들어와 있던 외신 기자들에게 왕의 행차는 무척 신기한 광경이었지요. 프랑스 여행 전문 주간지 《주르날 데 보야주》, 미국 주간지 《하퍼스 위클리》 등에는 왕의 행차 내용이 자세히 묘사되어 있어요.

1894년 9월 2일자 프랑스 여행 전문 주간지 《주르날 데 보야주》

샤이에 롱 베이 대령은 '거둥(임금의 나들이)'이라 부르는 왕의 행차에 참석한 적이 있다. 먼저 행렬의 맨 앞에는 행사 주관자 또는 기병 대장이 마치 외바퀴 자전거처럼 생기고 앞뒤로 긴 채가 달려 가마꾼들이 앞에서 끌고 뒤에서 밀어 움직이는 높은 의자에 앉는다. 그 뒤를 군사들이 열을 지어 따른다. 아울러 플라졸렛(태평소), 두 줄의 바이올린(해금), 심벌즈(꽹과리), 북, 징, 풍적(생황)과 같은 악기로 바로크 풍 음악을 연주하며 왕의 행차를 알린다(대취타). 왕가의 상징물인 붉은색의 커다란 양산이 왕을 앞서 간다. 왕은 붉은색 비단으로 덮인 의자에 앉아 있고, 그 주위는 옆에서 부채질을 멈추지 않는 후궁과 궁중 호위무사가 둘러싸고 있다.

그 뒤로 궁정 신하들이 따라간다. 이들은 대나무 줄기나 말총으로 만든 끈을 격자로 엮어 만든 주교가 쓰는 모자처럼 생긴 챙 없는 모자(사모)를 머리에 쓰고 발목까지 오는 긴 짙은 녹색 비단옷(관복)을 입었으며, 펠트로 만든 검은색 신발(목화)을 신고 있다. 그리고 유리 세공품과 옥으로 장식된 허리띠(각대)를 둘렀다. 옷의 가슴과 등 부분에는 학, 호랑이 또는 용을 수놓은 문양(흉배)을 덧대었다. 이때 군중들은 모두 몸을 굽힌다. 임금을 정면으로 마주 보는 것이 금지되어 있기 때문이다. 그 뒤로는 글자가 새겨진 노란색, 흰색, 붉은색 깃발이 따른다. 왕세자는 10세에서 15세가량의 소년 100여 명의 호위를 받으며 왕이 탄 의자(연) 뒤를 따른다. 행렬의 후위에는 무장한 군사들이 있는데 이들은 옛 무사들처럼 쇠사슬 갑옷에 철모를 쓴다. 검고 긴 머리카락이 얼굴을 덮은 채 상대적으로 너무나 왜소해 보이는 조랑말 위에 앉아 있으니 영락없이 미개한 야만인과도 같은 모습이다. 놀라운 점은 조선의 군대를 구성하고 있는 병사의 수가 120만 명 이상으로 어마어마하다는 것이다.

프랑스 주간지 《릴뤼스트라시옹》에 실린 '왕의 행차' 기사의 그림.

1895년 1월 5일자 미국 주간지 《하퍼스 위클리》

왕실 행차 앞에는 푸른 외투를 걸친 무장한 사람들이 6피트(약 180센티미터) 길이의 막대를 들고 군중을 길가로 몰아낸다. 경비병은 끝에 종을 단 막대를 들었고, 화려한 노란색 비단옷을 입고 말을 탄 음악대는 공작 깃털로 장식하고 날카로운 소리를 내는 갈대 악기(피리), 현악기, 북, 심벌(바라)을 연주한다. 기병대 중에서 일부는 구식 무기로 무장하고, 일부는 제복을 입고, 일부는 제복을 입지 않아 어수선하고, 동물은 하인이 고삐를 끌며 챙긴다. 보병은 장대, 창, 검, 총으로 무장하였다. 마지막으로 무기를 들고 제복을 입은 다양한 나이의 보병대 한가운데 캐틀링포를 끌고 가는 군대의 모습은 이상함의 절정이었다. 붉은 칠을 한 왕실 가마는 높이 올라온 모자를 쓰고 주홍색 옷을 걸친 가마꾼 열두 명이 들고 간다. 커다란 붉은 양산이 만든 그늘 아래 마구를 단 두 마리 종마는 왕이 원하기만 하면 언제든 태우고 가기 위해 의자 앞에 매여 있다. 그 뒤로 더 많은 군사와 악대, 대신들의 가마와 말, 내시, 하인이 하나같이 부채질을 하며 왕이 탄 가마와 속도를 맞추기 위해 소리를 지르며 서두른다.

1904년 1월 30일자 미국 주간지 《하퍼스 위클리》

이탈리아 잡지 《라 트리부나 일루스트라타》에 실린 '왕의 행렬' 기사의 그림.

조선에서 왕의 행차만큼 화려한 것은 없다. 도로의 잡다한 것을 치우고, 청소하고, 경비가 철저하며 백성들은 거리에 나오면 안 된다. 왕의 행차가 있을 때는 어떠한 통행도 이루어지지 않는다. 모든 창문 특히 위층의 창문은 높은 곳에서 왕을 내려다보는 눈길을 차단하기 위해 종이를 덧대어 가린다. 관공서든 일반 백성의 집이든 모든 문은 닫혀 있어야 하고, 백성들은 복종의 표시로 쓰레받기와 빗자루를 손에 쥐고 자신의 집 대문 앞에서 무릎을 굽히고 있어야 한다. 행렬에는 수천 명의 수행원, 고관, 마부, 깃발이 따르며 동양의 군주에 어울리는 화려한 볼거리를 만든다. 행렬 가운데 아름답게 장식되어 위용을 드러내는 가마 두 대가 나란히 붙어서 간다. 그중 하나에는 화려한 용무늬 자수가 놓인 주홍색 비단 관복을 입은 왕이 타고 있다. 그런데 둘 중 어떤 가마에 타고 있을까? 이 질문에 대한 답은 오직 최고위 대신들만 알 것이다. 그들 말고는 아무도 모른다. 행진하는 동안 연주되는 음악은 조선인에게는 즐겁게 들리겠지만, 서양인에게는 이런 행사에 어울리지 않는 차분한 음악으로 들린다. 붉은색의 왕실용 우산과 커다란 보라색 부채가 아름다운 가마 바로 앞에 선다. 행렬 중에 검, 도끼, 삼지창 등의 무기는 왕이 백성의 생사를 좌우할 만한 힘을 가지고 있음을 상징한다. 왕의 가마 앞에 화려한 마구를 씌우고, 밝은색으로 자수를 놓은 안장을 올린 다섯 마리의 말이 힘차게 걷고 있다. 행차 중 가장 이목을 끄는 것은 바로 금수를 놓은 커다랗고 번쩍이는 용무늬 깃발이다. 이 화려한 깃발은 14제곱피트(약 1.3제곱미터)나 되고 매우 무겁다. 튼튼한 어린 말의 안장 위 구멍에 깃대를 꽂아서 네 명의 시종이 버팀용 밧줄을 잡고 간다.

WITH PUPILS WHO INCLUDE ONE BACHELOR! A WONSAN SCHOLAR AND HIS DISCIPLES, KOREA.

몸을 젖히고 걸어가는 훈장님 뒤로
빨간색 한복을 입은 아이, 정자관을 쓴 아이,
갓을 쓴 아이, 머리를 짧게 깎은 아이가 따라가.
엘리자베스 키스는 아이들의 옷차림과 머리 모양으로
결혼을 했는지 안 했는지 알 수 있다고 했대.
맨 뒤에 신발을 고쳐 신는 아이와 저 멀리서
뛰어오는 아이가 귀엽지 않니?

딱
내 취향!

너무너무
귀여워!

원산 학자와 그 제자들
-영국 주간지 《더 일러스트레이티드 런던 뉴스》 기사

내가 처음 서울에 갔을 때 스케치 대상을 찾아 돌아다니다가,
주위가 참 아름다운 이곳에서 예쁜 옷을 입고 있는 학생들을 만났다.
학생 중에는 색동저고리를 입은 어린아이도 눈에 띄었지만
바지는 다 하얀색으로 통이 넓었다.
-《올드 코리아》 중에서

    영국 주간지 《더 일러스트레이티드 런던 뉴스》 1921년 11월 2일자 신문으로 추정되는 증보판에 실린 기사예요. 이 작품의 이름은 〈원산 학자와 그 제자들〉이고, 화가는 영국인 엘리자베스 키스이지요. 엘리자베스 키스는 채색 목판화로 널리 알려진 인물이에요. 같은 그림을 여러 장 찍어 낼 수 있는 목판화의 장점에 이색적인 색채를 입혀 입체적이고 정감 있는 그림을 그렸는데, 특히 동양의 모습을 그려 서양에 널리 알렸어요. 일본에서 근무하는 언니 부부를 따라 스물여덟 살에 일본으로 간 엘리자베스 키스는 1919년 3월 28일에 우리나라로 왔어요. 엘리자베스 키스는 특유의 세심한 관찰력으로 우리나라의 삶과 문화를 섬세하면서도 깊이 있게 그려 냈고, 이 그림들을 모아 1946년에 《올드 코리아》라는 책을 언니와 함께 영국에서 펴냈어요. 서양 화가 최초로 서울에서 1921년과 1934년, 두 차례에 걸쳐 전시회를 열기도 했지요.

엘리자베스 키스가 그린 그림들

엘리자베스 키스는 1915년부터 일본, 중국, 필리핀, 말레이시아, 인도네시아 등지를 여행하면서 동양의 미를 담은 수채화와 판화 작품을 여러 점 남겼어요. 1919년, 우리나라에 들어온 뒤에는 우리나라의 일상생활, 명절, 결혼식 등의 풍속화와 여인, 할머니, 할아버지, 농부 등의 인물화, 우리나라의 강과 산 등을 담은 풍경화 등을 정감 있는 필치와 따뜻한 색채로 그렸어요. 이 그림들을 자세히 들여다보면 100년 전 우리나라의 모습을 엿볼 수 있어요.

옹기종기 모여 앉아 글을 배우는 아이들의 모습을 인상적으로 그린 〈서당 풍경〉(왼쪽). 혼례 때 입는 색동 원삼을 입고, 머리에 족두리를 쓴 새색시가 방에 앉아 있는 모습을 그린 〈새색시〉(오른쪽).

대표적인 작품으로는 〈장옷을 입은 여인〉, 〈독립운동가의 아내〉, 〈맷돌로 곡식 갈기〉, 〈서당 풍경〉 등의 수채화와 〈새색시〉, 〈장기 두기〉 등의 채색 동판화, 그리고 〈다정한 오누이〉, 〈설날 나들이〉, 〈대동강 풍경〉 등의 채색 목판화가 있어요.

어? 어딘가 비슷하다!

오른쪽은 1898년 1월 15일자 미국 주간지 《하퍼스 위클리》에 실린 기사의 사진이에요. 앞서 본 엘리자베스 키스의 그림 〈원산 학자와 그 제자들〉과 비슷하지요? 이 사진은 원산 근처 언덕에 있는 서당을 다녀가는 사람들의 모습을 미국의 사진 작가 W.H. 잭슨

《하퍼스 위클리》에 실린 기사의 사진.

이 찍은 것이에요.

조선 시대의 학교, 서당

조선 시대에는 7~8세가 되면 서당에 나가 글을 배웠어요. 주로 유학에 바탕을 둔 한문 교육과 생활 태도 등을 배웠는데, 가르치는 선생님을 '훈장'이라고 불렀어요. 공부 내용은 《천자문》으로 먼저 한자의 음과 뜻을 익힌 다음 《동몽선습》, 《명심보감》, 《소학》 등의 책에서 짧은 문장을 외우고 교훈적인 내용을 익히는 것이었지요.

서당은 일정한 조건이나 규정이 없어서 자유롭게 생겼다가 없어지기도 했어요. 또 서당을 다니는 학생의 인원이나 나이, 학문 수준도 서당마다 달랐어요. 서당에서는 한 권의 책을 완전히 익힌 사람만이 다음 책으로 넘어갈 수 있었어요. 따라서 처음에 함께 시작했더라도 학생에 따라 진도가 다르게 나갈 수밖에 없었어요.

서당 훈장님과 학생들.

또 한 권의 교재를 다 외우고 이해하면 훈장님께 감사하며 떡과 음식을 준비해 '책거리(책씻이)'를 하고 다음 책으로 넘어갔지요. 왼쪽 그림은 김홍도가 그린 〈서당〉이라는 작품이에요. 훈장님에게 혼나 훌쩍훌쩍 울고 있는 아이와 그런 친구의 모습을 보고 킥킥 웃고 있는 아이들의 모습을 재미있게 그렸어요. 책상도 없이 바닥에 책을 펴놓고 공부하는 모습이 인상적이에요. 또 갓을 쓰고 있는 아이는 결혼을 했다는 뜻이랍니다.

김홍도의 〈서당〉.

DR. LANDIS AND HIS SCHOOL AT CHEMULPO, COREA.

왜 밤에 아이들을 가르쳤냐고?
그건 랜디스 박사님이 병원도 운영했기 때문이야.
낮에는 아픈 사람을 진료하고, 밤에는 학생을 가르쳤대.
나도 랜디스 박사님을 본받아 이제부터 밤마다
영어 공부를 할 테야! 낮에는 뭐 할 거냐고?
당연히 열심히 놀아야지. 히히.

제물포의 야간 영어 학교

−영국 주간지 《더 일러스트레이티드 런던 뉴스》 기사

에이, 비, 씨, 디, 이, 에프, 쥐…….
여러분, 열심히 공부하세요!
선생님, 열심히 배우겠습니다!

   1894년 8월 25일자 영국 주간지 《더 일러스트레이티드 런던 뉴스》에 실린 기사의 사진이에요. 랜디스 박사와 그의 학생들이 '나이트 잉글리쉬 스쿨(NIGHT ENGLISH SCHOOL)'이라는 간판을 단 학교 앞에 앉아 사진을 찍었어요. 1876년 이후 개항이 되면서 무역업자와 선교사, 외국인 여행자들이 인천 제물포로 우리나라에 들어왔어요. 이들 중 선교사는 교회와 학교, 병원 등을 세워 종교를 전파하는 동시에 교육과 의료 부분을 지원했지요. '나이트 잉글리쉬 스쿨'은 미국인 랜디스 박사가 제물포에 만든 인천 지역 최초의 야간 영어 학교예요. 1890년, 스물다섯 살의 나이에 성공회 의료 선교사로 제물포에 온 랜디스 박사는 가난하고 못 배운 조선인과 인천에 들어와 있던 일본인 아이들을 가르치고, 우리나라의 문화·언어·종교와 철학·과학 등을 영문 잡지에 기고하며 우리나라를 세계에 알리는 일을 했어요. 또 조선 시대에 허준이 지은 의서 《동의보감》 일부를 영어로 번역하고, 인천에 현대식 병원인 성누가 병원을 최초로 설립하기도 했답니다.

선행을 기쁨으로 삼은 랜디스 박사

1890년 9월 29일, 영국 해군 군종 사제(군인 신분으로 장병들의 신앙생활과 신상에 관한 일을 돌보는 신부)였던 코프 주교 등 선교사 여섯 명과 함께 제물포에 도착한 랜디스 박사는 인천 주민들이 아파도 치료를 받지 못하고 병명도 모른 채 죽어 가는 모습을 보았어요. 당시 인천에 있는 일본 영사관 내에 현대식 의료 시설을 갖춘 병원이 있었지만 일본인들만 치료를 받을 수 있었어요. 랜디스 박사는 서둘러 성당 밑에 집을 구해 임시 진료소로 만들어 조선인, 일본인을 나누지 않고 평등하게 치료했지요. 병원을 찾는 환자에게는 치료비를 받지 않았고, 조선인들을 위해 병실을 온돌방으로 꾸몄으며, 응급 환자는 가마로 수송했어요. 그러다 1891년 10월 16일, 랜디스 박사는 지금의 인천광역시 중구 내동에 있는 내동 성공회 교회 자리에 인천 최초의 서양 병원인 '성누가 병원'을 설립했어요. 제물포 주민들은 이 병원을 '약대인 병원'이라고 불렀

인천 최초의 서양 병원인 성누가 병원.

어요. '약대인'은 '약을 주는 큰 사람'이라는 뜻으로, 랜디스 박사를 고마워하고 존경했던 주민들이 이렇게 불렀지요. 하지만 랜디스 박사는 과로에 장티푸스까지 걸려 1898년 4월 16일 서른두 살의 젊은 나이로 세상을 떠났어요. 그의 주검은 인천 북성동 외국인 묘지에 안장됐다가 1965년 청학동으로 이전되었어요.

시험으로 관리를 뽑는 과거 제도

오른쪽 아래의 기사는 미국 청소년 매거진 《청년의 벗》에 실린 거예요. 과거 시험을 보는 사람들의 모습이 그림으로 그려져 있고, 기자가 직접 과거 시험을 치르는 현장을 둘러보고 상황을 생생하게 전하고 있어요. 명예를 위해 과거 시험에 도전하는 젊은이들과 평생을 노력했지만 아직 뜻을 이루지 못한 백발이 성성한 노인까지 수천 명에 달하는 남자들이 시험장에 모인 모습을 묘사했지요. 기자는 과거 시험을 치르기 위해 빽빽하게 모여 앉은 장면이 무척 인

상적으로 느껴졌던가 봐요.

고려 시대 때부터 생겨난 과거 시험은 조선 시대에 와서 체계적으로 시행되었어요. 조선의 과거 제도는 문과와 무과, 잡과로 이루어져 있었는데, 시험을 통과한 자들은 나랏일을 맡는 관리가 되었지요.

미국 청소년 매거진 《청년의 벗》에 실린 조선의 과거 시험에 대한 기사.

한성에서 열린 전차 개통식

-미국 주간지 《콜리어스 위클리》 기사

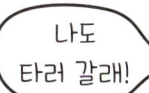
나도 타러 갈래!

대중이 익숙해질 때까지
전차의 최고 속도는 시속 5마일(8킬로미터)로 운행할 것이며,
그 뒤로도 시속 15마일(24킬로미터)은 초과하지 말 것.

　1899년 7월 15일자 미국 주간지 《콜리어스 위클리》에는 1899년 5월 4일에 한성에서 진행된 전차 개통식 사진 여섯 장이 실렸어요. 개통식에는 우리나라 사람은 물론 외국인까지 수많은 인파가 몰렸지요. 위쪽 사진에는 흥인지문(동대문) 앞에 긴 지붕이 덮인 전차 보관소가 보여요. 아래쪽 사진에는 태극기와 성조기가 함께 걸려 있는데, 이는 당시 전차가 미국의 기술로 제작되었기 때문이에요. 전차 사업을 추진했던 이유는 두 가지였는데, 첫 번째는 수도인 한성에 대중교통 수단이 없었기 때문이고, 두 번째는 1895년 명성황후 시해 이후 고종이 황후의 능인 청량리 홍릉(현재는 경기도 금곡으로 이장)에 행차할 때마다 들던 10만 원의 비용을 전차를 타면 줄일 수 있기 때문이에요. 당시 10만 원은 한 가마에 80킬로그램인 쌀을 1만 가마 이상 살 수 있는 돈이었지요. 서대문 밖 미국 공사 공관에서 한성 중심부를 통과해 새로 단장한 명성 황후의 묘(홍릉)까지 이어지는 전차 공사는 1898년에 시작되어 1899년 5월에 완공되었어요. 전차는 5월 4일 오후 3시 동대문-경희궁-흥화문 간 첫 운행에 성공했고, 5월 20일부터 정상 운행에 들어갔어요. 한성에 개통된 전차는 일본 도쿄보다 3년 앞서서 개통된 것인데, 신기술이 필요했던 전차는 세계적으로도 희귀했다고 해요.

악마의 차가 된 전차

한성 시내를 운행하게 된 전차의 소식에 미국 주간지 《하퍼스 위클리》는 1899년 7월 15일자 '조선의 전차'라는 제목의 기사에 "은자의 왕국이 문명을 향해 내딛는 첫 번째 발걸음"이라고 했어요. 그러나 전차가 개통한 후 극심한 가뭄이 계속되자 사람들은 이를 전차 때문이라고 생각했지요. 그러던 중 전차 개통 일주일째 되던 1899년 5월 26일, 탑골 공원 앞에서 어린이 한 명이 전차 바퀴에 끼어 목숨을 잃는 사고가 나자, 전차에 대한 군중의 분노가 폭발하고 말았어요. 군중은 전차를 멈춰 세운 뒤 일본인 운전사와 차장에게 뭇매를 가하는 등 폭동을 일으켰어요. 사람들은 전차를 '악마의 차'라고 부르기까지 했지요. 이 사고로 전차는 3개월 가까이 운행을 멈추었어요. 한성의 전차는 이후 70년 가까이 운행되다가 1968년 11월 30일에 운행을 멈추었어요.

폭동으로 불에 탄 전차(왼쪽)와 전복된 전차(오른쪽).

우리나라 최초의 전등, 경복궁을 밝히다

1887년 3월 6일 저녁, 우리나라 최초로 전등이 점화되었어요. 그곳은 다름 아닌 경복궁 안에 있는 건천궁이었지요. 에디슨이 백열전등을 발명한 지 7년 5개월만인 1887년 3월이었으니 당시로는 획기적인 사건이었어요.

1882년 한미 통상 협정이 체결됨에 따라 미국으로 건너간 민영익, 홍영식 등의 우리나라 사절단은 그곳에서 전등이 보급된 것을 보고 고종에게 발전소를 지을 것을 건의했어요. 이에 따라 우리나라는 에디슨 회사와 계약을 맺고,

1894년 《더 일러스트레이티드 런던 뉴스》에 실린 경복궁의 모습(왼쪽 아래에 전등이 보임).

1887년 3월 6일 경복궁 건청궁에 첫 전깃불을 밝혔지요. 향원정 연못가에 세워진 발전 설비는 당시 동양에서 가장 성능이 뛰어난 것으로, 16촉(예전에 빛의 세기를 나타내는 단위) 백열전등 750개를 점등할 수 있는 규모였어요. 발전기의 조립·설치·전등 가설은 미국 에디슨 전기 회사의 윌리엄 멕케이 기사가 맡았어요. 향원정 연못에서 물을 얻어 연료로 석탄을 넣고 발전기를 돌렸는데, 기계 돌아가는 소리가 천둥이 치는 듯했다고 해요. 발전기를 가동하자 연못의 수온이 상승하면서 물고기가 떼죽음을 당했고, 이 일로 전등을 가리켜 물고기를 끓인다는 뜻인 '증어'라 부르기도 했어요. 또 성능이 완전치 못한 탓에 자주 불이 꺼지고 비용이 많이 들어가는 게 꼭 건달 같다 해서 '건달불'이라고도 했지요.

7년 뒤에는 창덕궁에 두 번째 발전소가 설립되었어요. '제2 전등소'라 불리던 창덕궁의 발전소는 1894년 5월 30일에 준공됐으며, 240마력의 증기 설비와 16촉 백열전등 2,000개를 켤 수 있는 발전 설비가 갖춰졌지요. 이후 우리나라의 전기 시설은 점진적으로 발전되었어요.

전차 사업을 추진한 황실 기업, 한성 전기 회사

한성 전기 회사.

전기에 남다른 관심을 가진 고종은 황실의 돈으로 1898년 1월 26일 한성 전기 회사를 설립했어요. 당시 일본과 러시아, 미국과 유럽 여러 나라의 우리나라 쟁탈전이 전개되고 있는 상황에서 이들의 간섭을 피하기 위해 대리인을 내세워 극비리에 추진되었지요.

한성 전기 회사는 전차와 전등 그리고 전화 설비의 시설 및 운영권을 신청한 회사로, 우리나라에서 최초로 근대적 전기 사업을 시작한 전기 회사예요. 특히 경복궁의 전등은 발전기와 직접 연결된 곳에만 전기가 들어왔지만, 한성 전기 회사는 여러 곳에 전기를 보낼 수 있는 시설을 갖춰 많은 가정과 사무실에 전기를 공급했어요.

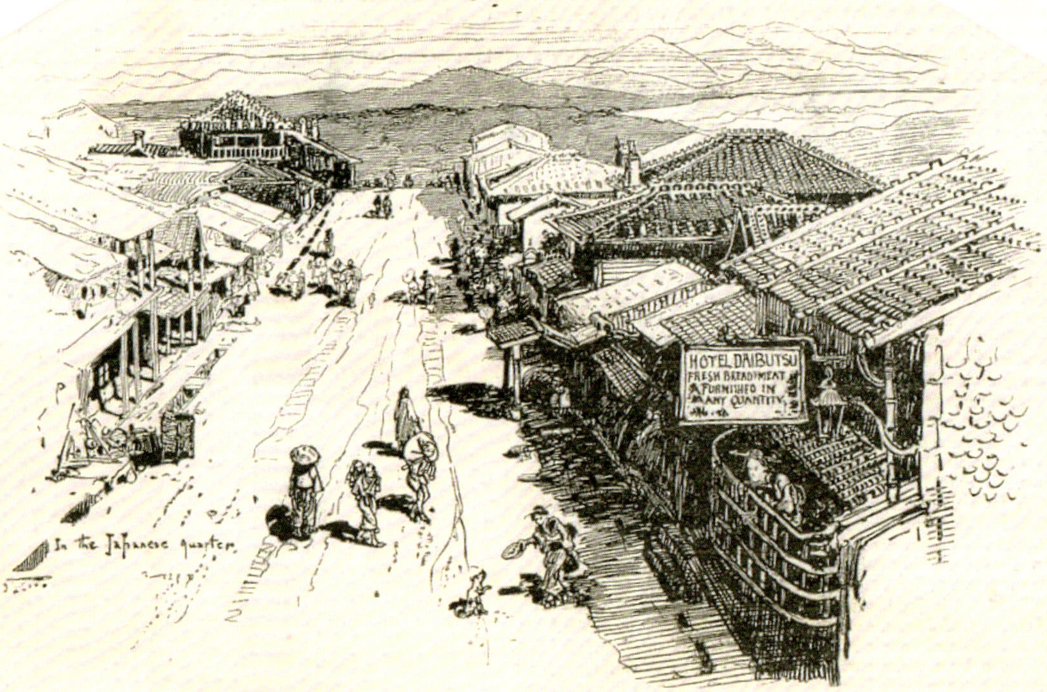

A STREET IN THE JAPANESE QUARTER OF CHEMULPO.

1876년에 체결된 강화도 조약으로 제물포항은 부산항과 원산항에 이어 우리나라에서 세 번째로 개항되었어. 제물포항으로 들어와 우리나라 땅을 밟은 이방인들은 한양으로 가기 전, 하룻밤을 인천에서 묵어야만 했지. 대불 호텔은 이런 수요를 바탕으로 생겨난 거야.

오, 그렇구나!

우리나라 최초의 호텔
-미국 주간지 《하퍼스 위클리》 기사

**대불 호텔 소유주는 뚱뚱하고 배가 불룩하게 나온
쾌활한 성격의 전형적인 일본인이다.
그는 다이묘 계급 출신은 아니고,
힘든 노동으로 손이 거칠어진 일본의 소작인 출신이다.**

　1889년 1월 12일자 미국 주간지 《하퍼스 위클리》에는 '은둔의 나라'라는 별칭을 가진 우리나라에 대해 소개했어요. 서울 공사관(국가를 대표하여 파견되는 외교 사절인 공사가 머무르며 사무를 보는 곳) 서기관인 찰스 샤이에 롱 베이가 우리나라를 둘러보고 느낀 것을 기사로 쓴 것이지요. 그중 인천 제물포에 생긴 호텔에 관한 소식이 흥미로워요. 개항 후 제물포를 방문한 외국인들은 한양까지 가는 교통이 불편하여 제물포에서 하루를 묵어야만 했어요. 이 때문에 외국인을 위한 숙박 시설이 생겨났지요. 제물포에 가장 먼저 생긴 호텔은 일본인이 운영한 '대불 호텔'이에요. 기사의 그림을 보면 오른쪽 앞에 커다란 간판이 달린 대불 호텔이 보여요. 일본인 호리 히사타로가 지은 2층짜리 목조 건물이에요. 인천으로 들어오는 외국인들에게 인기가 높아지자 대불 호텔은 1888년(고종 25년)에 3층짜리 벽돌 건물의 서양식 호텔로 새롭게 지어져요. 대불 호텔은 영어로 손님을 맞았고, 침대를 들인 꽤 큰 규모의 객실과 깨끗하고 세련된 내부로 손님들의 호평을 얻었어요. 또 호텔에서 제공하는 맥주와 음식은 투숙하는 미국인 장교들 사이에서 큰 인기를 끌었지요.

전략적 요충지, 제물포항

제물포항은 우리나라의 서쪽 관문이었어요. 수도인 한양과 가장 가깝다는 접근성 때문에 부산항, 원산항과 더불어 주요 항구 중 하나였지요. 또 외국 군함 정박지와 일본군 군사 작전 기지로 사용되었지요. 개항할 당시에는 영국, 러시아, 미국, 일본, 중국 군함이 들어와 있었고, 러일 전쟁 때는 전략적 요충지로서 제물포항을 쟁탈하려는 러시아와 일본의 싸움이 치열했어요. 1904년 2월 9일에 일본 해군의 공격으로 제물포 앞바다에서 러시아 군함 바리야크호와 코리예츠호가 침몰하기도 했어요.

제물포에서 한양으로 가는 길 중간의 일본식 여관.

왼쪽 사진은 1898년 1월 15일자 미국 주간지 《하퍼스 위클리》에 실린 일본식 여관 사진이에요. 제물포에는 우리나라 최초의 서구식 호텔인 대불 호텔 말고도 오스트리아인, 독일인 등의 외국인이 운영한 호텔이 있었어요. 그리고 제물포에서 한양으로 가는 길 중간에도 호텔과 여관이 군데군데 있어 손님들의 휴식처가 되었지요.

오른쪽 두 사진은 각각 1904년 4월 16일, 1904년 1월 30일자 미국 주간지 《하퍼스 위클리》에 실린 사진이에요. 제물포 항구와 양륙장(배에서 승객이나 화물을 싣거나 내리는 곳)의 모습과 제물포에서 생선 경매를 하고 있는 일본인의 모습을 담고 있어요. 제물포에서는 쌀과 마른 생선, 보리 등의 물품이 거래되었는데, 거대 선단이 물품을 공급하기 때문에 부두에는 보통 수십 척의 범선이 나란히 정박되어 있고, 많은 사람들로 늘 붐볐지요.

제물포 항구와 양륙장(왼쪽). 제물포 생선 경매장의 일본인 모습 (오른쪽).

53쪽 위의 사진은 1904년 1월 30일자 미국 주간지 《하퍼스 위클리》에 실린 사진이에요. 사진 속 경관은 제물포항이 내려다보이는 제물포 클럽의 계단 모습이지요. 부두 근처에 있는 영국 영사관(외국에 있으면서 본국의 무역 통상의 이익을 도모하며, 자국민의 보호를 담당하는 공무원인 영사가 사무를 보는 곳)에는 당구대와 테니스장, 시설 좋은 도서관을 갖춘 클럽이 있어 사람들의 이목을 끌었어요.

조선의 호텔, 주막

1894년 12월 1일자 미국 주간지 《하퍼스 위클리》에는 조선의 '주막'에 관한 기사가 실렸어요.

제물포 클럽의 계단에서 바라보는 제물포항.

조선 여행은 호사스럽지 못하다. 조선인은 집을 호화롭게 꾸미지 않고 외국인 여행자에게도 최소한의 것만 제공한다. 조선의 호텔은 마치 현대식 돼지우리와 같다. 숙소라고 해 봐야 소나 닭 혹은 이름을 알 수 없는 다른 가축들 사이, 말도 안 되는 먼지 구덩이에서 잠을 청해야 한다. 미국의 고급 호텔 '월두프'라고 할 수 있는 조선의 일급 호텔의 사진을 보면 끔찍했던 조선에서의 밤이 하나하나 기억나는데, 주모의 친절함 덕분에 그나마 좀 편히 지낼 수 있었다.

조선 호텔(주막)의 내부.

주막은 시골 길가나 장터, 큰 고개 밑의 길목, 나루터 등에서 밥과 술을 팔고, 돈을 받고 나그네를 묵게 하는 집을 말해요. '주사, 주가, 주포'라고도 불렸어요. 주막은 사람이 많이 오고가는 길목에 주로 많았는데, 서울에서 인천으로 가는 중간인 소사와 오류동, 영남에서 서울로 가는 문경새재, 천안 삼거리, 섬진강 나루터 등에 많았지요. 규모가 큰 주막은 수십 개의 방에 창고와 마구간이 있어 행상인의 물건을 맡아 주기도 하고, 마소나 당나귀 등의 짐승을 돌봐주기도 했어요. 그러나 시골의 작은 주막은 방 몇 개에 술을 따라놓는 탁자인 술청이 있는 정도였고, 거리의 간이주막은 허술한 지붕에 가리개로 사방을 막고 낮 동안에만 장사를 했던 곳도 있었어요.

기사를 쓴 프랑스인 기자는 경복궁 근정전을 축소한 대한 제국관을 보고 "대한 제국이 선보인 전시관은 매우 흥미로운 건축물로서 옛날 황실의 법정을 착안해 만든 것이다."라고 표현했대. 그만큼 웅장하고, 근엄하게 느껴졌나 봐.

프랑스 박람회에서 휘날린 태극기
-프랑스 일간지 《르 프티 주르날》 기사

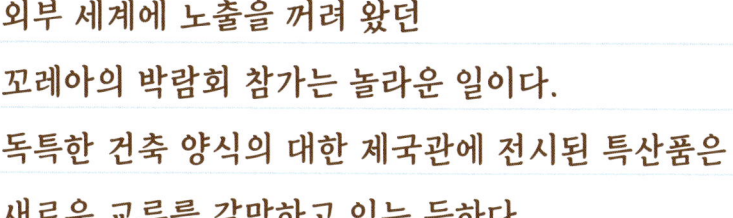

외부 세계에 노출을 꺼려 왔던
꼬레아의 박람회 참가는 놀라운 일이다.
독특한 건축 양식의 대한 제국관에 전시된 특산품은
새로운 교류를 갈망하고 있는 듯하다.

    1900년에 프랑스 파리에서 만국 박람회가 개최되었어요. 만국 박람회는 새로운 건축 양식을 선보이고, 각 나라의 발전된 산업 물품을 소개하는 자리였어요. 40개국이 참가한 파리 만국 박람회는 관람객도 5,000만 명이나 되었지요. 우리나라는 대한 제국 선포 이후 국제 사회의 일원으로서 프랑스의 초청을 받아 만국 박람회에 참가했어요. 1900년 12월 16일자 프랑스 일간지《르 프티 주르날》에 실린 그림은 박람회에 참가한 우리나라 전시관의 모습이에요. 경복궁 근정전을 축소한 모습으로 대한 제국관을 꾸미고 도자기, 궁중 복식, 비단, 병풍, 악기 등의 전시품을 선보였어요. 하지만 전시품보다 관람객들의 이목을 모은 건 대한 제국관에 게양된 태극기였어요. 기사에서는 대한 제국을 '극동에서 가장 베일에 싸인 나라, 주변국이 제일 탐내는 국가'로 표현했는데, 태극기 역시 매우 독특하고 강렬해 관람객의 호기심을 한껏 자극했지요.

대한 제국의 태극기

프랑스 화보 주간지 《르 펠르랭》 기사.

앞서 본 1900년 12월 16일자 프랑스 일간지 《르 프티 주르날》 기사 그림 속 태극기는 당시에 통용되던 것과는 조금 다른 태극기예요.

1904년 1월 31일자 프랑스 주간지 《르 펠르랭》에 실린 대한 제국의 모습을 보면, 앞장의 《르 프티 주르날》 그림 속 태극기보다 태극 문양의 곡선이 더 소용돌이치고, 사괘의 위치가 조금 이동되어 있지요. 기사는 태극기의 모습뿐 아니라 고종 황제와 당시 황태자였던 순종의 모습, 그리고 그들이 머물던 황궁인 경운궁(현 덕수궁)의 풍경과 황실의 상징인 이화 문양을 싣고 있어요. 궁궐의 하단에는 '대한 제국'이라고 표기하려던 것으로 추측되는 틀린 글자가 씌어 있는데, 한글을 잘 모르는 프랑스인이 쓴 것으로 추정돼요.

태극기는 어떻게 만들어졌을까?

우리나라 국기인 '태극기'가 언제, 어떻게 만들어졌는지에 대한 자료는 아직 명확히 나오지 않았어요. 다만 지금까지 발견된 여러 자료에 의해 조선 개항 이후에 만들어졌다는 것을 알 수 있지요.

고종의 명을 받아 1882년 특명 전권 대신 겸 수신사로 일본에 다녀온 박영효가 지은 《사화기략》에 "그해 9월 박영효가 우리 선조들이 생활 속에서 즐겨 사용하던 태극 문양과 그 둘레에 건곤감리 사괘를 그려 넣은 '태극·사괘 도안'의 기를 만들어 그

태극기가 그려진 대한 제국 만세 엽서.

1882년 미국 해군부 항해국에서 출판한 《해양 국가의 깃발》에 실린 태극기. 같은 해에 체결된 조미 수호 통상 조약에서도 사용된 태극기로, 박영효 수신사 일행의 태극기보다 앞서 만들어진 현존하는 최초의 태극기.

고종이 미국인 외교 고문 데니에게 하사한 것으로 알려진 태극기.

달 25일부터 배에서 사용하였으며, 10월 3일 본국에 이 사실을 보고했다"고 썼어요. 고종은 다음 해인 1883년 3월 6일 왕명으로 이 태극·사괘 도안의 태극기를 국기로 제정·공포했지요. 하지만 국기 제작 방법을 구체적으로 명시하지 않은 탓에 이후 다양한 형태의 국기가 사용되었어요. 1942년, 1949년 두 차례에 걸쳐 태극기의 제작법을 통일하였고, 2007년 1월에 국기에 관한 여러 가지 규정들을 정하여 국기를 체계적으로 관리하게 되었어요.

태극기에 담긴 뜻

태극기는 흰색 바탕에 가운데 태극 문양과 네 모서리의 건곤감리의 사괘로 구성되어 있어요. 태극기의 흰색 바탕은 밝음과 순수, 전통적으로 평화를 사랑하는 우리의 민족성을 나타내요. 가운데의 태극 문양은 음(파랑)과 양(빨강)의 조화를 상징하는 것으로, 우주 만물이 음양의 상호 작용으로 생성하고 발전한다는 대자연의 진리를 형상화한 것이지요. 네 모서리의 사괘는 음과 양이 서로 변화하고 발전하는 모습을 음(--)과 양(—)의 조합을 통해 구체적으로 나타냈어요. 그 가운데 '건괘'는 우주 만물 중에서 '하늘'을, '곤괘'는 '땅'을, '감괘'는 '물'을, '이괘'는 '불'을 상징해요. 이들 사괘는 태극을 중심으로 통일의 조화를 이루고 있지요.

현재의 우리나라 태극기.

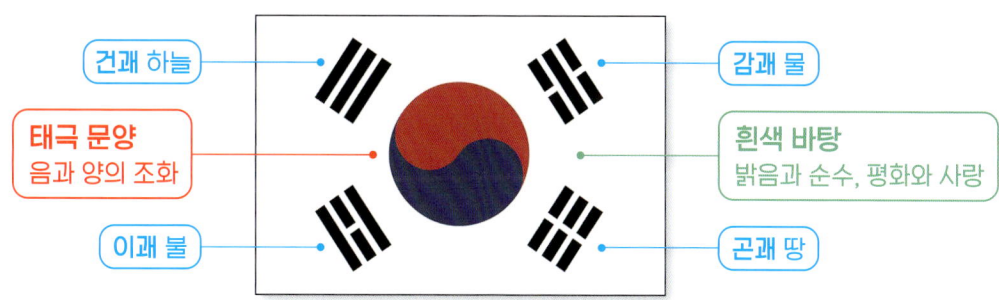

《대한매일신보》는 처음에 순 한글로 된 신문을 발행하다가 1907년부터는 한글, 국한문, 영어판 세 가지 종류로 발행했대. 발행 부수가 1만 부가 넘는 최대의 신문이자, 가장 영향력 있는 대표적인 언론 기관이었던 셈이지. 에헴, 나도 신문 좀 볼까?

우리나라 기자를 보호하기 위한 영국 국기
-영국 주간지 《더 일러스트레이티드 런던 뉴스》 기사

"나는 죽을지라도
《대한매일신보》는 영원하게 하여 조선 민족을 구하라."
-베델의 마지막 유언

　1908년 8월 22일 영국 주간지 《더 일러스트레이티드 런던 뉴스》에 실린 기사예요. 《대한매일신보》의 발행인 겸 편집인인 영국인 베델과 집필진들의 모습이 담겨 있어요. 《대한매일신보》는 1904년에 창간한 일간 신문으로, 일제의 침략 행위를 비판하고 현 상황을 정확하고 냉철하게 전달함으로써 애국 계몽사상(이성적이고 합리적인 생각으로 생활의 진보와 개선을 꾀하려는 사상)을 높이려는 목적으로 창간되었지요. 이 신문은 고종의 비밀스러운 도움과 애국지사들의 적극적인 지원을 받아 발행되었는데, 영국인 베델을 발행인으로 내세운 이유는 일본군의 사전 검열을 피할 수 있었기 때문이에요. 1904년 2월 러일 전쟁(한반도와 만주에 대한 지배권을 둘러싸고 러시아와 일본 사이에 일어난 전쟁)을 일으킨 일본군은 우리나라에 불법 주둔하면서 대한 제국의 민간 신문을 사전에 검열했는데, 당시 영국은 일본과 군사 동맹을 맺고 있어 영국인이 발행하는 신문은 일본군의 검열을 피할 수 있었거든요. 《대한매일신보》는 신속한 보도와 날카로운 논설로 대중을 깨우치고, 항일 사상을 일으키는 대표적인 민족지로 성장했지만, 결국 일제의 손아귀에 넘어가면서 제 기능을 상실하고 말았어요.

《한성순보》

《한성순보》.

1883년(고종 20년)에 우리나라 최초의 근대 신문인 《한성순보》는 열흘 간격으로 발행하는 '순간 신문'이었어요. 1882년 수신사로 가 일본에 머무르던 박영효는 국민의 계몽을 위한 신문을 발간하기로 마음먹고 신문 제작을 도울 일본인 기자와 인쇄공 등을 데리고 조선으로 돌아왔어요. 발간된 신문은 관아에 배포되어 관리들이 읽었고, 일반인도 구독 신청을 하면 읽을 수 있었어요. 하지만 이 신문은 1884년 12월 4일 갑신정변(김옥균, 박영효 등의 개화파가 혁신적인 정부를 세우기 위하여 일으킨 정변)이 실패로 돌아간 뒤, 박문국(신문·잡지 등의 편찬과 인쇄에 관한 일을 맡아보던 관아) 사옥과 활자·인쇄 시설 등이 모두 불에 타 버려 1년 만에 종간되고 말았어요. 《한성순보》는 우리나라 최초의 근대 신문으로서 신문물과 지식 등을 국내에 소개하는 등 나라의 개화에 큰 도움을 주었어요.

《독립신문》

1896년에 독립 협회의 서재필, 윤치호가 창간한 우리나라 최초의 민영 일간지예요. 순 한글 신문으로 영자판과 함께 발간하여 처음에는 격일간으로 펴내던 것을 1898년 7월부터 매일 발간하였지요. 《독립신문》은 민주주의 사상, 자주적 근대화 사상을 강조하면서 민중을 교육하고 계몽하려는 목적이 짙었지요. 나라의 독립을 염원하는 독립협회의 인물들이 주축이었던 만

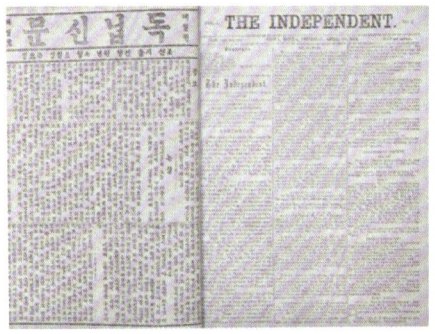
한글과 영문으로 된 《독립신문》.

큼 외세를 경계하고, 애국심과 충성심, 국가 발전을 강조했어요. 순 한글로 된 기사는 민중들이 읽기 편했기에 독자도 무척 많았어요. 처음에는 300부 정도 발행되던 신문이 나중에는 3,000부 넘게 발행되었으니까요. 또 함께 발행된 영문판은 우리나라 사정을 외국에 알릴 수 있었는데, 미국·영국·러시아·중국 등으로 상당한 부수가 발송되었어요. 그러다 경영의 적자, 지도부의 부재 등 수많은 난관에 봉착한 《독립신문》은 결국 1899년 12월 4일자로 종간되었고, 독립신문사를 사들인 일제는 《독립신문》을 영원히 폐간시켜 버렸어요.

《제국신문》

1898년(광무 2년) 8월 10일에 창간한 한글 일간 신문이에요. 개화를 이끌 수 있는 매체를 신문이라고 생각하고, 민족주의(민족의 독립과 통일을 가장 중시하는 사상)적 성격의 민중 지식 계발을 목표로 창간했지요. 《제국신문》이 발행되던 시기는 일제가 우리나라의 내정까지 간섭하던 때였어요. 하지만 《제국신문》은 그런 상황에서도 일본 세력의 국권 침투

《제국신문》.

에 대해 비판하고 더불어 무능한 정부와 관리의 부패를 꼬집어 알렸어요. 1904년 2월 23일 강제 체결된 한일 의정서(1904년 러일 전쟁 뒤에 우리나라와 일본이 맺은 조약)를 반대했고, 1905년 11월 일본의 일진회(1904년에 일제의 대한 제국 강점을 도와준 친일적 정치 단체)를 매섭게 비판하는 등 민족지로서의 면모를 보여 주었어요. 이러한 이유로 일본의 사전 검열로 기사가 삭제되거나 정간 처분을 받는 일이 흔하였으며, 기자 구속 사건도 여러 번 있었어요. 1907년 9월 20일부터 휴간과 복간을 반복하다 결국 1910년 8월 2일 폐간되었지요. 12년 동안 간행된 《제국신문》은 일반 민중과 하층민을 대상으로 한 대중 신문이었다는 점에서 그 의의가 커요.

《황성신문》

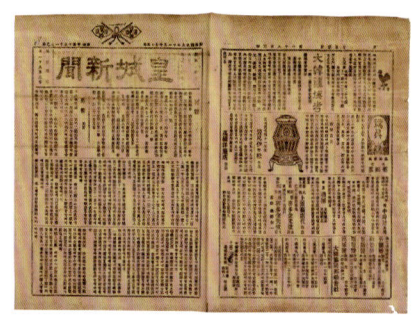

《황성신문》.

1898년(광무 2년) 3월에 순 한글로 된 상업신문인 《경성신문》이 창간되었어요. 제10호까지 주 2회로 발행되던 《경성신문》은 그해 9월 5일에 제11호부터 《황성신문》으로 이름을 고쳐 발행했지요. 《독립신문》이후 여러 신문이 순 한글로 제작됐는데, 《황성신문》은 국한문 혼용으로 학식이 있는 한학 계층의 독자에게 환영과 지지를 받으며 꾸준히 독자층을 확보했어요. 그러나 경영난을 피할 수 없었고, 애국적 색채가 짙은 기사로 여러 차례 발행이 중지되었지요. 1910년 8월 29일 한일 병합이 이루어지자 강제로 신문 이름이 《한성신문》으로 바뀌어, 8월 30일자부터 9월 14일(제3470호)까지 발행되다가 종간되었어요. 《황성신문》은 일제에 대항해 국민들에게 민족의식을 불어넣고 개화의 선구자 역할을 하는 등 민족지로서 높이 평가 받고 있어요.

전국을 공포로 몰아넣은 호랑이

–프랑스 일간지 《르 프티 주르날》 기사

으르렁! 어흥!
어서 도망가!
집채만 한 호랑이 두 마리가 나타났어!
사람을 해치는 모습이 공포 그 자체야.

　예부터 한반도에는 호랑이가 많이 살았어요. 어두운 밤이나 추운 겨울이면 산속의 먹이가 부족해져 농가로 내려와 가축을 잡아먹는 일도 종종 있었지요. 그런데 1909년 12월 12일자 프랑스 일간지 《르 프티 주르날》에 호랑이가 민가를 덮치는 장면이 실렸어요. 민가로 뛰어 들어온 큰 호랑이 두 마리가 한 남자를 물고, 어린 아이를 채 가려 하고, 그런 아이를 향해 필사적으로 손을 뻗는 어머니의 모습이 생생하게 묘사되었어요. 당시 일제는 한일 강제 병합을 앞두고 우리나라 사람의 무기 소지를 금지했어요. 또 외국에서 무기를 수입하는 일도 모두 금지했지요. 우리나라 사람이 일제의 제압에 맞서 무력 폭동을 일으킬까 봐 무기 소지를 금지한 거예요. 이 때문에 사냥꾼들에게서 해방된 호랑이와 육식을 즐기는 맹수의 수가 급격히 증가하면서 전국 각지에서 출몰하기 시작했어요.

호랑이의 나라, 한반도

외국 기자들의 눈에 비친 호랑이의 모습은 어땠을까요? 외국의 기사를 통해 살펴보아요.

1889년 1월 12일 미국 주간지 《하퍼스 위클리》 기사

조선의 자생 동물(어떤 지역에 옛날부터 저절로 퍼져서 살고 있는 고유한 동물)군으로는 곰, 멧돼지, 사슴, 표범과 호랑이 등이 있다. 수도에서 멀지 않은 곳에서 다수 발견되는 털이 긴 호랑이들은 동물학자들에게 수수께끼로 남아 있다. 어떻게 인도 정글에 사는 호랑이들이 조선까지 오게 되었을까? 조선에 와서는 어떻게 적응하였을까?

1894년 9월 9일자 프랑스 주간지 《주르날 데 보야주》 기사

여자들은 겨울이면 한양 중심가까지 내려오는 호랑이나 표범이 무서워서 대부분 저녁 시간대 외출을 즐기지 않는다.

1894년 12월 1일자 미국 주간지 《하퍼스 위클리》 기사

조선은 호랑이가 많기로 유명하다. 조선에서는 호랑이 가죽을 팔면 엄청난 돈을 벌 수 있다. 이 대단한 호랑이는 조선인에게는 공포의 대상으로, 오른쪽의 사진처럼 돼지가 호랑이에게 물려 갈까 봐 돼지우리의 벽을 든든하게 친 것을 볼 수 있다. 호랑이가 가축을 하도 물어가서 조선의 왕은 착호군('착호갑사'라고도 부르며, 조선 시대에 범을 잡기 위하여 선발하고, 배치하던 군사)을 조직했으며, 이들은 조선의 정예 부대이기도 하다.

호랑이를 막기 위해 방어벽을 두른 돼지우리.

우리나라 호랑이는 왜 사라졌을까?

반구대 암각화 왼쪽 가운데 호랑이 그림이 있는 부분.

신석기에서 청동기로 이어지는 시대에 그려진 울산 울주군의 반구대 암각화에 열네 마리에 이르는 호랑이 그림이 있고, 고구려 무용총 벽화에 호랑이를 사냥하는 모습이 담겨 있으니 한반도에서 호랑이가 살아온 시간이 꽤 오래되었다는 것을 알 수 있어요.

그런데 약 100년 전 호랑이는 자취를 감추었어요. 남한에서는 1921년 경주 대덕산에서 포획된 호랑이를 마지막으로 호랑이를 볼 수 없었지요. 어떻게 해서 한반도에 살던 호랑이가 사라지게 되었을까요?

일제 강점기에 총독부는 해로운 동물을 없애는 정책이라고 하는 '해수 구제 정책'을 실시했어요. 해수 구제 정책은 야생 동물에게 입는 피해를 줄이는 것이 목적이라고 내세웠으나, 실질적인 목적은 일본인이 안정적으로 조선에 정착하도록 하기 위함이었지요. 제1차 세계 대전 때 선박 운송업으로 막대한 부를 쌓은 일본 사업가 야마모토 타다사부로는 거금 7~8만 원(지금으로 치면 약 70~80억 원)을 들여 '야마모토 정호군'을 조직하고, 1917년 11월 12일부터 12월 3일까지 한반도 내의 호랑이와 표범 등을 사냥했어요.

정호군에는 조선의 이름난 포수들도 속해 있었어요. 일제는 총기 소지가 금지된 조선인 포수에게 해수 구제 동원에 참여할 때에만 총기를 지급하고, 사용을 허가했지요. 또 현지 주민들을 몰이와 덫 설치에 동원하기도 했고요. 당시 민가에까지 내려오는 호랑이들 때문에 주민들은 해수 구제 정책을 반겼어요. 하지만 일제 강점기에 이루어진 무차별 포획으로 호랑이는 한반도에서 멸종되고 말았지요.

야마모토(깃발 앞줄 왼쪽에서 일곱 번째)와 호랑이 사냥꾼들.

상상 속의 나라 꼬레아!

중세 아랍의 기록과 유물을 통해 신라 시대에 서역(아랍) 사람들과 교류가 있었음을 확인할 수 있어요. 중세 아랍인은 신라의 위치나 지형뿐만 아니라 신라의 자연환경에 대해서도 놀라운 기록을 남겼지요.

신라는 공기가 맑고, 땅이 기름지고, 물이 좋을 뿐만 아니라 주민의 성격 또한 양순하기 때문에 일단 들어가기만 하면 떠나지 않고 정착하고야 만다.

특히 그들은 신라가 황금이 지천으로 깔린 '황금의 나라'라고 믿었어요. 금이 너무 흔해서 금으로 수놓은 천으로 집을 단장하고, 심지어 개가 매는 목줄도 금으로 만든다고 믿었어요. 반면 개항 이전의 중세 유럽인에게 조선은 상상 속의 나라였어요. 조선의 존재조차 모르는 서양인이 많았지요. 그러다 네덜란드인 하멜이 조선에서의 억류 생활을 기록한 책 《하멜 표류기》를 펴내면서 당시 유럽인들의 이목을 끌었어요.

하멜 일행이 효종을 알현하는 모습.

《하멜 표류기》는 우리나라에 관한 서양인 최초의 저술이었지요. 1653년(효종 4년) 네덜란드의 무역선 스페르베르호는 심한 풍랑으로 난파되어 선원 64명 중 표류 선원 36명이 조선에 13년 동안 억류되었는데, 그중 한 명이었던 하멜이 조선에서 생활하는 동안 보고 듣고 느낀 사실을 기록한 책을 출판했던 거예요. 하멜의 기록은 서양인에게 조선에 대한 호기심을 불러일으키는 계기가 되었지요.

《하멜 표류기》 이후 조선의 지리적 정보가 확산되었고, 서양에서 그린 많은 지도에 조선이 등장했어요. 1500년대 말까지만 해도 조선은 서양의 지도에 없었지만, 임진왜란과 《하멜

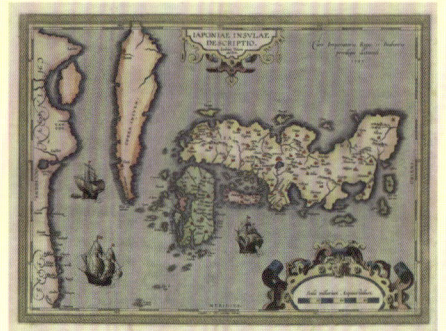
조선이 당근 모양의 섬나라로 그려진 1595년에 제작된 서양 고지도.

표류기》 등의 정보가 널러 퍼지면서 조선이 지도에 나타나게 된 거예요. 그리고 18세기에 조선의 동해는 대부분 '한국해(KOREAN SEA)'로 표기돼요. 18세기의 영국 작가 조너선 스위프트의 풍자 소설《걸리버 여행기》에도 동해를 한국해로 표기하고 있지요.

또 19세기 초까지는 조선 사람에 대한 정보가 없어서 상상으로 조선 사람을 그렸지만, 조선을 찾아오는 이양선(모양이 다른 배라는 뜻으로, 다른 나라의 배를 이르는 말)이 잦아지면서 조선 사람의 모습 역시 점점 구체화되었어요.

1806년 프랑스 화가 생 소배가 그린 최초의 조선 남녀 채색 판화.

왼쪽 그림은 1806년에 프랑스 화가 생 소배가 조선 남녀를 채색 판화로 제작했는데, 직접 만난 적 없는 조선인을 작가가 상상으로 그린 거예요. 얼핏 보면 동남아 원주민이나 인디언 같기도 하고, 어찌 보면 서양인처럼 보이지만, 세심하게 관찰하면 우리나라 사람의 특징을 뚜렷하게 묘사하고 있어요. 남자의 모자, 강인해 보이는 골격, 여자의 돋보이는 머리 장식, 길게 늘어지는 한복과 색동 무늬, 여자가 손에 쥐고 있는 인삼 등 우리나라 사람의 특징과 특산물이 나타나 있지요.

오른쪽 그림은 1823년 영국에서 그려진 조선인의 모습이에요. 곰방대를 문 채 소매가 넓은 한복을 입고 모자를 쓴 모습에서 앞서 본 조선인의 모습에 비해 훨씬 조선 사람처럼 보여요.

대항해 시대에 아프리카 항로를 개척하고, 15세기 말 콜럼버스가 아메리카 대륙을 발견할 때에도 유럽에 알려지지 않았던 조선, 꼬레아는 이제 더 이상 미지의 나라, 상상 속의 나라가 아니었어요.

1823년 영국에서 그려진 조선인 그림.

꼬레아 역사 저널
: 개항 이전

우리나라를 당근 모양의 섬나라로 그린 1595년에 제작된 서양 고지도.

아시아의 가장 동쪽에 있는 꼬레아는 유럽인에게 미지의 나라였어요.
아직 잘 알려지지 않은 꼬레아의 섬을 탐색하던 프랑스, 영국, 미국 선박들은
천천히, 그리고 조금씩 꼬레아의 문을 두드렸지요.

아시아 동쪽의 조선이라는 나라

-영국 주간지 《더 일러스트레이티드 런던 뉴스》 기사

일반적으로 남자는 키가 크고 허우대가 좋으며 생김새와 표정은 이웃 나라인 중국 남자들보다 호감이 간다. 여성은 어릴 때는 호감 가는 외모지만 나이가 들면서 혐오스럽게 변한다.

어머, 무슨 소리야!

영국, 프랑스, 미국 등 세계 여러 나라는 서로 물품을 교환하며 무역 활동을 이어 나갔어요. 그리고 1816년 8월, 영국 함대 알세스트호와 리라호는 중국과 외교 협상을 벌이는 동안 한반도의 서해안 쪽과 일본 오키나와까지 내려와 바닷길과 섬을 탐색했어요. 그러면서 우리나라 섬에 포트 해밀턴, 애머스트, 클리퍼드, 블론톤 등의 영국식 이름을 붙였지요. 또 우리나라 낱말 스물여덟 개를 채집하고, 우리나라 사람의 모습을 그림으로 그려 갔어요.

신문의 위쪽 그림은 1865년 우리나라의 거문도 모습이에요. 여기에 우리나라가 "대영 제국(근세 이래 세계 각지에 식민지를 건설한 영국의 통칭)보다 조금 더 크고 산악 지대가 많으며, 기후는 매우 춥다."라는 설명을 덧붙였어요. 신문의 아래쪽 그림은 하얀 한복을 입은 우리나라 사람의 모습이에요. 상투를 틀고 큰 갓을 쓴 남자들과 머리에 두건을 두른 여자를 포함해 모두 여섯 명을 그렸지요. 뒤로 보이는 이엉을 얹은 지붕과 돌담을 두른 조선 후기의 집 모양도 엿볼 수 있어요.

서양 신문에 실린 우리나라 관련 최초 삽화

아래는 1856년 1월 19일자 프랑스 주간지 《릴뤼스트라시옹》에 실린 그림이에요. 우리나라에 관한 삽화가 실린 최초의 서양 신문이지요. 1855년에 프랑스의 비르지니호는 동해에서 측량 작업을 했는데, 그때의 선원 이야기를 듣고 기사를 쓴 것으로 추측해요. 왼쪽 그림의 조선인 남자는 중국식 옷을 입고 있어요. 당시에는 조선을 방문한 선원이 스케치를 해서 본국에 보내면 신문사의 삽화가가 받은 스케치를 보고 다시 그려서 신문에 게재하는 방식이었어요. 그래서 동양에, 그리고 조선에 가 본 적 없는 삽화가는 실제와 다르게 왜곡해서 그리는 경우가 많았지요.

조선의 동해안 초산항의 주민들 그림.

제너럴셔먼호 사건

1866년(고종 3년) 흥선 대원군은 천주교가 널리 퍼지지 못하게 하는 금압 정책을 시행하고, 프랑스 신부 아홉 명과 천주교 교도 수천 명을 학살했어요. 이 사건을 '병인사옥' 또는 '병인박해'라고 해요. 그때 미국의 제너럴셔먼호가 대동강을 거슬러 평양을 향해 올라왔어요. 배에 타고 있던 승무원은 미국인 세 명, 영국인 두 명, 중국인과 말레이시아인 열아홉 명으로 총 스물네 명이었어요. 이들은 곧 프랑스 신부를 학살한 것에 대한 보복으로 프랑스 함대가 조선에 쳐들어올 것이라고 위협하면서 통상(나라들 사이에 서로 물품을 사고파는 관계)을 요구했어요. 그러나 우리나라는 강력히 거부했지요. 그에 제너럴셔먼호는 아랑곳하지 않고 강물을 타고 평양까지 올라왔고 평

흥선 대원군.

양 군민과 충돌이 일어났어요. 급기야 평양 군민이 대포에 맞아 부상을 입자 평양감사 박규수가 불화살을 쏴 제너럴셔먼호를 불태웠어요. 결국 배에 타고 있던 선원은 모두 죽고 말았지요. 이 사건을 가리켜 '제너럴셔먼호 사건'이라고 해요. 제너럴셔먼호 사건은 5년 후, 미국이 우리나라를 무력 침공하는 빌미가 되지요.

제너럴셔먼호를 파헤쳐라!

제너럴셔먼호로 추정되는 군함 그림.

- **크기**: 80톤급의 증기선
- **화물**: 조선과 교역할 비단, 자명종 등의 상품을 실음
- **승선 인원**: 총 24명
- **선장**: 미국인 페이지
- **통역관**: 영국인 개신교 선교사 토머스

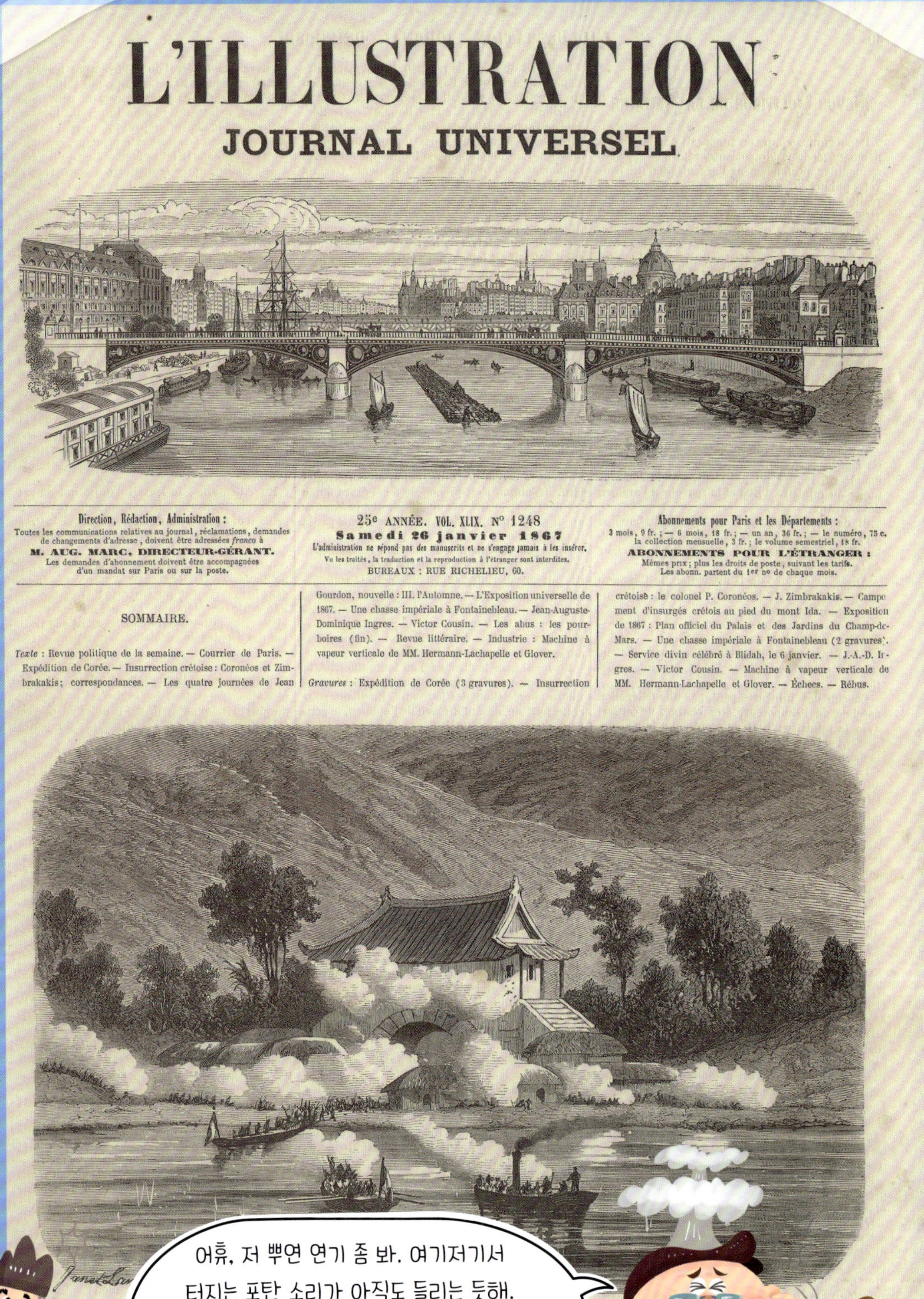

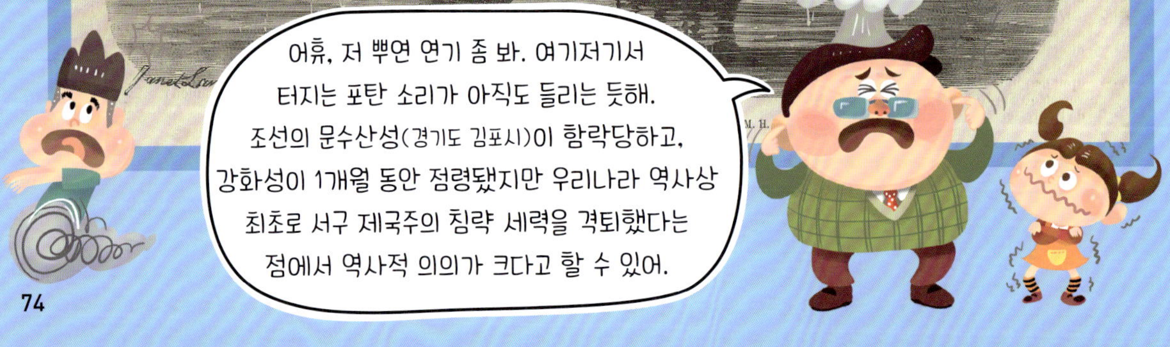

프랑스의 조선 원정
-프랑스 주간지 《릴뤼스트라시옹》 기사

올리비에 함장은 조선군의 방어에도 불구하고
10월 15일 강화성을 점령하였고,
10월 16일 아침에는 전군을 통솔하여 강화성을 손에 넣었습니다.

　1866년(고종 3년)에 흥선 대원군이 천주교 교도들을 학살하고 탄압한 데 대항하여 프랑스 함대가 강화도에 침범한 사건을 다룬 기사예요. 흥선 대원군은 천주교가 백성들 사이에 퍼지지 못하도록 금압령을 내리고, 몇 개월 동안 프랑스 선교사 아홉 명과 천주교도 수천 명을 학살했어요. 이때 우리나라를 탈출한 펠릭스 클레르 리델 신부는 중국에 주둔한 프랑스 사령관 피에르 로즈 제독에게 조선에서 일어난 천주교도 학살 사건을 알렸고, 곧 프랑스 군함이 우리나라로 쳐들어와 강화성을 점령했어요. 프랑스는 우리나라에 사과를 요구하면서도 우리나라의 서적과 은괴, 양식 등을 약탈하는가 하면 민간인과 군인을 가리지 않고 포격해 많은 사상자를 냈어요. 이에 우리나라는 정족산성(인천광역시 강화군)을 공격하려던 프랑스 해병을 제압했고, 이 전투에서 참패한 프랑스 로즈 제독은 철수하지요. 이 사건을 가리켜 '병인양요'라고 해요.

우리나라는 왜 천주교를 탄압했을까?

우리나라 최초의 신부인 김대건 신부의 처형 장면이 실린 프랑스 화보 잡지 《르펠르랭》 기사.

17세기에 처음으로 천주학 서적이 들어오고, 18세기가 되면서 정식 종교로 받아들여진 천주교는 정조 때에는 교인이 1만 명이 넘을 정도로 교세가 확장되었어요. 그러자 우리나라의 보수 지배층은 천주교의 확장에 불안을 느꼈지요. 신분에 따른 계층 관계를 기반으로 하는 유교 사상은 조선을 지탱하는 근본적인 힘인데, 천주교는 가부장적 권위를 거부하고, 모두가 평등하다는 평등 사상을 주장했으니까요. 또 권력에서 밀려난 양반층과 나라의 무자비한 수탈과 횡포에 시달리던 서민층이 천주교를 통해 단합하는 것도 지배층에 대한 위협으로 다가왔어요. 이와 같은 이유 등으로 조선의 조정에서는 천주교도들을 박해했고, 이에 수많은 사람이 순교했지요.

유네스코 지정 세계 기록 유산인 '조선 왕조 의궤'

프랑스군은 우리나라의 강화성에 주둔하면서 당시 강화도 외규장각에 보관하고 있던 의궤를 훔쳐 갔어요. '의궤'는 조선 시대 국가나 왕실의 혼인, 세자 책봉, 장례 등 여러 행사의 전 과정을 글과 그림으로 기록한 책을 말해요. 후손들이 대대손손 참고할 수 있도록

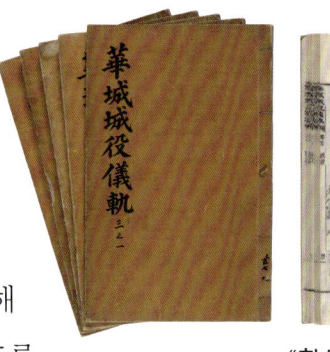 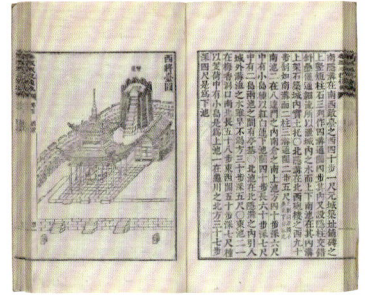

《화성성역의궤》.

행사의 준비와 차례, 진행 방법, 의례의 절차와 내용, 참가 인원 등을 자세히 기록해 남겨 놓았지요. 사람들의 옷 색깔과 모양, 건축물의 특징, 행사 장면이 구체적이고 생생하게 묘사되어 있어요. 조선 초기부터 의궤를 제작했는데, 초기의 의궤는 임진왜란 때 불에 타서 없어지고, 조선 중기부터 말기까지 제작된 의궤만이 남아 있어요. 현재 우리나라에 보관돼 있는 의궤는

약 4,100여 책으로 서울 대학교 규장각 한국학 연구원, 한국학 중앙 연구원 장서각, 국립 중앙 박물관, 국립 고궁 박물관 등에 분산하여 보관되어 있어요. '조선 왕조 의궤'는 2007년 6월에 기록 문화유산으로 인정받아 유네스코 세계 기록 유산에 지정되었어요.

외규장각 의궤를 돌려줘!

프랑스군이 가져간 외규장각 의궤는 프랑스 파리 국립 도서관에 보관되어 있었어요. 그동안 외규장각 의궤의 행방에 대해 알지 못하고 있다가 1975년에 그곳에서 사서로 일하고 있던 서지학자 박병선 박사가 베르사유 별관 창고에서 의궤를 찾아냈어요. 박사는 이 사실을 우리나라 정부에 알렸고, 우리의 지속적인 요구 끝에 도서를 임대하는 형식으로 반환하기로 합의했어요. 그리고 드디어 2011년에 297권의 외규장각 의궤가 우리 품으로 돌아왔어요.

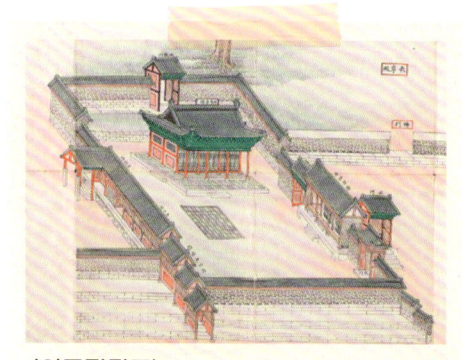

〈외규장각도〉.

생생한 그림으로 기록한 유일한 기록 유산

의궤는 왕의 결혼식 절차를 기록한 《가례도감의궤》, 왕세자의 책봉 의식을 담은 《책례도감의궤》, 왕과 왕비의 국장을 치른 내용을 기록한 《국장도감의궤》 등 행사 내용에 따라 구분해서 책의 제목을 정했어요. 현존하는 가장 오래된 의궤는 1601년(선조 34년)에 제작한 《의인왕후빈전혼전도감의궤》예요.

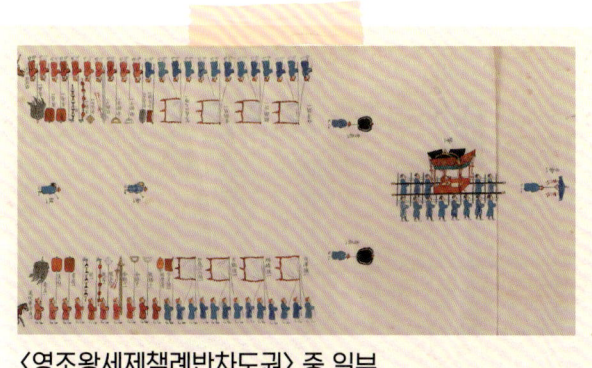

〈영조왕세제책례반차도권〉 중 일부.

왼쪽 그림은 〈영조왕세제책례반차도권〉으로, 1721년 영조 왕세제 책봉 장면을 그린 것으로 추정되는 반차도 그림의 일부분이에요. 《책례도감의궤》에 그려진 반차도와 내용과 기법에서 유사성이 많으나, 행렬의 내용에서 차이가 조금 있고, 종이와 그림의 보존 상태가 양호해 《책례도감의궤》를 바탕으로 후대에 제작한 것으로 추정되며, 여러 장으로 연결되어 있어요.

미국 측 기록을 보면 싸우다 숨진 미군은 세 명인데, 조선인은 무려 삼백오십 명이었대. 아래쪽 그림에서 보듯이 미군이 초지진을 점령하고 성조기까지 게양한 후에도 조선은 개항을 하지 않았다니 흥선 대원군이 얼마나 외국 세력을 막으려 했는지 알 수 있어.

성조기

치열한 교전이 벌어진 신미양요
-미국 주간지 《하퍼스 위클리》 기사

이번 교전이 매우 치열했던 이유는
지형의 특징이나 해협의 모래톱과 급류 등
자연적인 요인 말고도
적군이 수백 개의 온갖 무기로 방어에 나섰기 때문이다.

　1871년(고종 8년) 미국이 5년 전에 일어난 제너럴셔먼호 사건을 빌미로 조선을 개항시키려고 무력으로 침략한 사건을 다룬 기사예요. 우리나라 앞바다에 도착한 미군은 먼저 수로 측량과 정찰에 대한 허가를 일방적으로 통보했어요. 하지만 통상 수교를 거부하는 쇄국 정책(나라와 나라 사이에 서로 물건을 사고파는 걸 금지하고 우리나라의 이익과 안전을 지키기 위해 외부와 교류하지 않는 정책)을 실시하던 흥선 대원군은 미군에 경고를 보냈고, 미군이 아랑곳하지 않고 강화도를 지나 광성진으로 접근하자 미군에게 포격을 했어요. 그러자 미군은 강제 진입을 시도했고, 6월 10일 우리나라군의 방어에도 불구하고 초지진, 덕진진, 광성진을 차례로 함락시켰어요. 우리나라와 미국의 치열한 전투로 미군 역시 피해를 입었고, 좀처럼 문을 열지 않는 우리나라의 강경한 태도에 미군은 결국 물러났지요. 미국이 우리나라를 침략한 이 사건을 '신미양요'라고 해요. 이 사건을 계기로 흥선 대원군은 전국 각지에 '침범하는 양이와 화친할 수 없다'는 뜻을 새긴 비석인 '척화비'를 세워 다른 나라와의 통상과 교역을 금지하는 정책을 더욱 강화했어요.

운요호 사건

1854년 이미 미국의 무력 침투에 굴복하고 개항을 한 일본은 우리나라와의 교섭을 시도했어요. 하지만 흥선 대원군의 양이 정책(오랑캐를 배척하는 정책)으로 교섭 시도는 실패했지요. 흥선 대원군이 물러나자 일본은 곧 미국이 했던 것처럼 무력을 앞세워 조선의 개항을 압박하려는 계획을 세웠어요. 그러고는 영국에서 수입한 근대식 군함인 '운요호'를 침투시켜 우리나라 해안을 측량하고 연구하고 있다고 거짓으로 둘러댄 뒤 1875년 9월 20일, 강화도 초지진까지 접근했어요. 이에 조선 수군이 일본군에게 포격을 가하자, 일본은 함포를 발사하며 맞대응했어요. 우리나라의 대포와 화승총 등 무기를 약탈하고, 영종진(지금의 영종도) 곳곳에 불을 질렀어요. 근대식 무기로 무장한 일본군은 우리나라군과 주민들에게 막대한 피해를 입혔지요. 이 사건을 가리켜 '운요호 사건'이라고 해요. 그 후 일본은 운요호 사건의 책임을 우리나라에 물으며 수교 통상(나라들 사이에 서로 물품을 사고 팖. 또는 그런 관계)할 것을 강요했어요. 결국 이듬해에 '강화도 조약'을 체결하고 우리나라는 일본에 개항을 하게 되었지요.

일본 운요호함.

강화도 조약

1876년 2월에 일본과 우리나라가 체결한 '강화도 조약'은 일본이 운요호 사건의 책임을 우리나라에 떠넘기며 군사력을 동원해 강압적으로 체결된 불평등 조약이에요. 강화에서 전권대신(나라를 대표하는 권한을 위임받아 파견하던 외교 사절) 신헌과 특명전권판리대신 구로다 기요타카가 12조로 된 강화도 조약을 체결하였지요. 강화도 조약의 정식 명칭은 '조일 수호 조규'이고, '강화 조약' 또는 '병자 수호 조약'이라고도 해요. 일본의 정치적, 군사적 침략 의도가 담긴 강화도 조약은 훗날 우리나라를 식민지로 삼으려는 일본의 식민주의(경제적·정치적인 세력을 다른 나라 영토까지로 확장하고, 정치적 종속 관계를 통해 그 지역을 자기 나라의 영토로 삼는 침략 정책)적 전략에 발판이 되었어요.

왜 강화도에서 전쟁이 자주 났을까?

19세기에는 강력한 군사력과 경제력으로 다른 나라를 침략하여 정벌하려는 제국주의(우월한 군사력과 경제력으로 다른 나라나 민족을 정벌하여 대국가를 건설하려는 침략주의적 경향) 국가가 여럿 생겨났어요. 조선 시대 후기에도 영국, 프랑스, 미국, 일본 등 여러 나라가 우리나라에 쳐들어왔지요. 그런데 우리나라에 쳐들어온 나라는 왜 모두 강화도에서 전쟁을 일으켰을까요?

그 이유는 배를 타고 수도인 한양으로 가기 위해서는 강화도를 거쳐 가야 했기 때문이에요. 한강 어귀에 있는 강화도는 한양에 접근하기에 가장 가깝기 때문에 외적의 침략이 잦았던 곳이지요. 그래서 우리나라는 강화도를 군사 요지로 삼고 초지진, 덕진진, 광성진 같은 군사적 방어 시설을 만들어 두었어요. 강화도에는 외적들이 쏜 화포의 흔적이 지금까지 남아 있답니다.

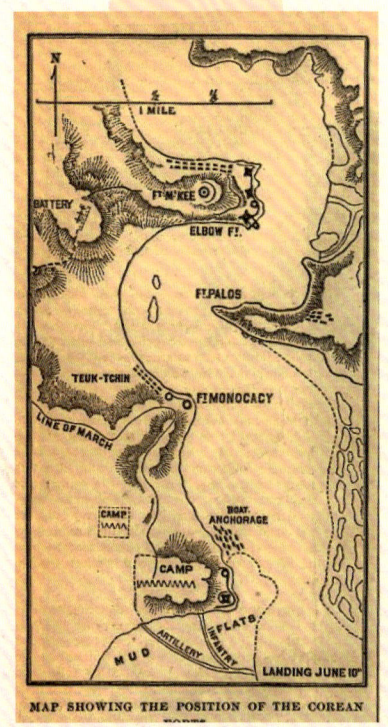

당시 조선의 요새 위치를 보여 주는 지도.

강화도 지도.

 # 세계 최초의 방탄조끼!

강화성에 상륙하려는 프랑스 군함의 모습이 담긴 1867년 1월 19일자 프랑스 주간지 《릴뤼스트라시옹》에 실린 기사의 그림.

1866년 10월 프랑스의 로즈 제독은 세계 최강급인 3000톤급 프리모게호를 비롯해 타르디프호, 데루레드호 등 일곱 척의 함대와 600명이 넘는 병력을 이끌고 조선으로 출발했어요. 이들은 곧 강화성을 공격하여 점령하고 무기와 서적, 식량 등을 약탈했지요.

조선은 10월 19일 프랑스 측에 편지를 보내 병인양요의 발단이 된 선교사 처단이 합법적으로 이루어졌다는 사실과 프랑스 함대가 불법으로 침범한 사실을 알리며 물러날 것을 통보했어요. 하지만 로즈 제독은 선교사 학살 사건을 비난하고, 전권대신을 파견하여 프랑스와 조약을 맺으라고 요구하며 맞섰지요. 프랑스의 계속되는 무차별 포격으로 강화 주변뿐 아니라 황해도 연안에 살고 있던 주민들도 막대한 피해를 입었어요.

그러다 11월 7일 올리비에 대령이 이끄는 프랑스 해병은 정족산성을 공략하려다가 잠복하고 있던 조선군 궁수에게 일제히 화살 공격을 받아 참패하고 말았어요. 결국 프랑스군은 조선에서 철수를 결정하고 물러났지요.

강화성은 군사적으로 중요한 곳이라 적의 침입에 맞서기 위해 방어 시설을 마련해 놓았음에도 불구하고, 프랑스군의 신식 무기에 쉽게 무너졌어요. 당시 조선에는 신식 무기가 없어 창과 활을 주로 사용했고, 화차가 있었지만 포탄이 적에게 날아가기까지 시간이 걸려 서양의 무기에 비해 대응하는 속도가 느렸거든요. 그에 비해 프랑스군의 소총은 조선군에 위협이 되

조선군의 유형(왼쪽부터 서민, 전투복을 입은 궁수, 관리, 무관을 묘사한 그림) 모습이 담긴 1867년 1월 19일자 프랑스 주간지 《릴뤼스트라시옹》에 실린 기사의 그림.

기에 충분했지요.

82쪽 아래의 그림은 프리모게호의 해군 사관 학생 M. H. 쥐베르가 그린 스케치를 바탕으로 재구성해 《릴리스트라시옹》에 실린 그림이에요. 그림을 보면 왼쪽에서 두 번째에 전투복을 입은 궁수가, 오른쪽에서 첫 번째에 무관의 모습이 그려져 있어요. 전쟁에 대비해 전투복을 입고 있었지만 서양의 총에는 속수무책이었지요.

병인양요를 겪으며 서양 총의 무서움을 맛본 흥선 대원군은 총알을 막는 방탄조끼의 개발을 직접 지시했어요. 이에 포군의 철모, 수뢰포 등을 만든 조선 후기의 기계 제작인 김기두, 안윤 등이 총탄을 방어하는 갑옷인 '면제갑옷'을 만들었어요. 이것이 세계 최초의 방탄조끼이지요. 면제갑옷은 무명실로 짠 천 서른 장을 겹쳐 넣어 만든 갑옷으로 1871년 미국이 제너럴셔먼호 침몰을 계기로 일으킨 신미양요 때 실전에서 처음 사용되었어요. 당시 전쟁에 참가했던 미국 군인들은 총탄 세례에도 달려오는 조선군을 보며 깜짝 놀랐다고 해요.

면제갑옷.

하지만 면제갑옷은 몇 가지 단점이 있었어요. 먼저 수십 겹의 면으로 만들어졌기 때문에 입고 있으면 너무 더웠어요. 그래서 전쟁에 참가하는 병사들은 더위와도 싸워야 하는 고통을 겪었지요. 또 비가 오거나 강을 건너면 면제갑옷이 물을 흡수해 무거워졌어요. 적에 맞서 빠르게 달려야 하는 병사들의 기동력을 떨어뜨리기에 충분했지요. 가장 치명적인 단점은 불이 쉽게 붙는다는 것이었어요. 대포와 총의 파편이 날아들면 면제갑옷에 불이 붙어 병사들은 어려움을 겪었지요.

그럼에도 불구하고 면제갑옷은 군사적, 역사적 유물로서 그 가치가 매우 높아요. 오늘날 사용되는 방탄조끼의 원리와 매우 닮아 있기 때문이에요. 지금의 방탄조끼는 인조 섬유의 튼튼한 조직이 총탄의 운동 에너지를 흡수하는데, 면을 여러 겹 겹친 면제갑옷 역시 이와 비슷한 효과를 내거든요. 세계 최초의 방탄조끼가 우리나라에서 발명되었다니, 정말 놀랍지요?

꼬레아 역사 저널
: 개항 이후

1845년 거문도를 탐사한 영국 해군 함장에 의해 '꼬레아의 해밀턴항'으로 알려진 우리나라의 섬 거문도.

닫혀 있던 문을 열고 신식 문물을 받아들이기로 한 우리나라.
이후 우리나라를 둘러싼 강대국들의 치열한 외교전이 시작되었어요.
호시탐탐 우리나라를 노리는 강대국, 전국 각지에서 일어나는 의병.
우리나라는 소용돌이치는 역사의 한가운데에 있었어요.

ARRIVAL OF THE COREAN AMBASSADORS AT YOKOHAMA, JAPAN

일본 전통 의상인 기모노를 입고, 왜나막신인 게다를 신은 수십 명의 일본인이 거리를 가득 메우고 있어. 엄마 등에 업힌 아기부터 나이 든 사람까지, 그야말로 남녀노소 모두 나와서 구경하고 있네. 지나가는 행렬이 무척 신기한가 봐.

일본 요코하마에 도착한 조선 수신사

-영국 런던 주간지 《더 그래픽》 기사

우아!

저 갓을 쓴 사람들은 대체 누구야?
-조선에서 온 수신사 행렬이래.
어디, 얼마나 왔나?
-어림잡아도 오십 명은 넘어 보이는걸.

강화도 조약 체결 후 일본은 우리나라에 사신의 파견을 요청했어요. 사신 중 우두머리인 정사 김기수를 비롯해서 일본어 통역을 맡은 별견당상(조선 시대에 정삼품상 이상의 품계에 해당하는 벼슬을 통틀어 이르는 말) 현석운, 장무관(각 관아의 장관 밑에서 직접 사무를 맡아보던 벼슬아치) 현제순, 서기 박영선, 군관 김문식 등과 각종 의례 및 절차를 담당한 60여 명 등 총 70명이 넘는 외교 사절단(수신사)이 일본을 방문했지요. 1876년 5월 12일자에 실린 이 기사는 요코하마에 도착한 우리나라의 수신사 행렬을 일본인들이 거리에서 지켜보는 모습을 담고 있어요. 수신사 일행은 일본의 신식 기관과 시설, 그리고 훈련 상황들을 둘러본 뒤 일본 정부로부터 극진한 대접을 받았어요. 조선은 일본 방문으로 근대 문물과 세계정세의 흐름을 배우는 계기가 되었지만 일본의 속내는 조금 달랐어요. 조선의 지배층을 자기편으로 끌어들여 조선을 다루기 쉽게 만들려는 의도였지요.

공식적인 외교 사절, 통신사

강화도 조약 체결 전까지는 우리나라에서 일본에 파견하는 사신을 '통신사(조선 통신사)'라고 불렀어요. 강화도 조약 이후에는 양국이 근대적 입장에서 사신을 교환한다는 뜻으로 '수신사'라고 바꾸었지요.

1403년(태종 3년)에 우리나라, 중국, 일본 사이에 외교 관계가 성립되자, 우리나라와 일본은 서로 통신사를 보내기로 했어요. 통신사는 보통 5개월~8개월 정도의 일정으로 일본을 방문했는데, 주로 막부에 장군이 새로 취임해 축하를 하거나 왜구 문제의 해결을 위해 방문했지요. 통신사는 맡은 임무를 수행하는 동시에 일본과 학술, 기술, 예술 등을 교류하기도 했어요. 우리나라로 귀국한 통신사는 일본에서 보고 들은 지식을 일기와 수필의 형태로 남기기도 했는데, 신유한의 《해유록》, 신숙주의 《해동제국기》, 조명채의 《봉사일본시문견록》 등이 있어요.

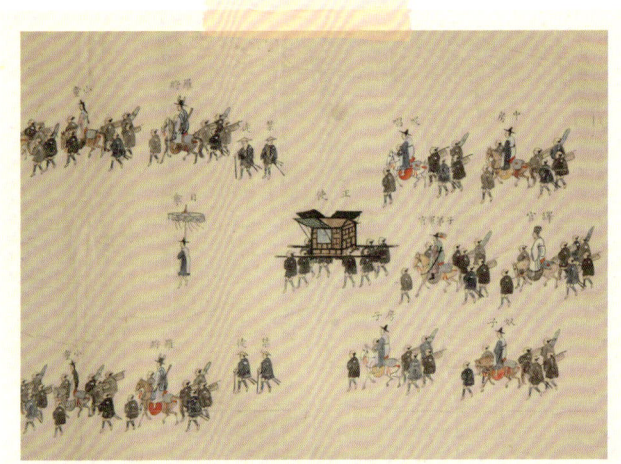

일본에 파견한 조선의 외교 사절인 조선 통신사 행렬을 묘사한 그림인 〈조선통신사행렬도〉 일부.

제2차 수신사의 귀국

일본 증기선 사카사고마스호를 타고 귀국하는 제2차 수신사 일행의 모습을 그린 《런던 뉴스》 기사의 그림.

왼쪽은 1881년 3월 19일자 런던의 3대 주간 화보 신문인 《런던 뉴스》에 실린 그림이에요. 일본 증기선 사카사고마스호를 타고 귀국하는 제2차 수신사 일행의 모습을 담고 있어요. 예조 참의(조선 시대에 예악, 제사, 학교, 과거 따위에 대한 일을 맡아보던 예조의 으뜸 벼슬인 판서를 보좌하던 정삼품 당상 벼슬) 김홍집을 필두로 한 제2차 수신사 일행은 1880년 7월 초 도쿄에 도착해 일본의 근대화된 군사, 산업, 교육 시설을 둘러보았어요. 그리고 청나라 사람 황준헌이 쓴 《조선책략(러시아의 남하 정책에 대비하기 위해 조선, 일본, 청국 등 동양 삼국의 외교 정책에 대해 서술한 책)》을 조선으로 가지고 귀국길에 올랐지요. 그림을 보면 맨 왼쪽 지쳐 보이는 한 관리가 편하게 신발을 벗고 누워 있는 모습이 참 인상적이에요.

쉿! 비밀 사찰단, 신사 유람단

김홍집.

일본의 근대 문물을 시찰하고 돌아온 제2차 수신사 김홍집은 고종에게 일본의 발달된 신식 문물을 배워야 한다고 주장했어요. 이에 1881년 고종은 개화파의 젊은 관리인 어윤중, 홍영식, 이원희 등으로 구성된 시찰단을 4개월 동안 일본 도쿄와 오사카 등지에 보냈는데, 이들을 '신사 유람단'이라고 해요. 하지만 이들의 일본 파견은 조선 내부에 개화를 반대하는 대신들의 눈을 피해 비밀리에 이루어졌어요. 이들은 암행어사(조선 시대에 임금의 명을 받아 지방관의 업적이나 잘못을 알아내거나 백성의 어려움을 살펴서 개선하는 일을 맡아 하던 임시 벼슬)의 자격으로 부산에 내려간 다음 배를 타고 일본으로 건너갔지요. 일본은 제1차, 제2차 수신사들에게 했던 것처럼 신식 문물과 제도를 시찰하게 한 다음 일본 편으로 끌어들이려는 전략을 세워 이들을 매수하려 했어요.

위정 척사 운동

조선 후기, 조선 사회에 서양 학문이 퍼져 나가자 성리학자들은 전통적인 충효사상을 지키기 위해 서학(원래 서양의 학문이라는 의미지만, 조선 시대에 '천주교'를 이르던 말)을 금지해야 한다고 주장했어요. 이들은 우리나라의 전통을 지키고, 서양 문화를 물리치자는 '위정 척사(올바른 것을 지키고 나쁜 것을 물리친다) 사상'을 내세웠지요. 곧이어 개항을 요구하는 일본과의 통상도 반대했어요. 조정이 문호를 열고 개항 정책을 추진하자 이를 비판하는 위정 척사파 유생들의 목소리가 전국 각지에서 울려 퍼졌어요. 그러나 이들의 노력에도 개화를 막지 못했지요. 이후 일본이 내정을 간섭하자 위정 척사파들은 이에 맞서 항일 의병 투쟁을 벌였답니다.

조선의 첫 외교 사절단 보빙사

-미국 화보 신문 《프랭크 레슬리의 일러스트레이티드 뉴스페이퍼》 기사

망건, 갓, 저고리, 도포, 버선, 대님, 갖신 복장으로
샌프란시스코에 도착한 이들은 20여일 전 아라빅호를 타고
일본 요코하마항을 출발하여 태평양을 건너온
외교 사절단 보빙사였다.

    1883년 9월 18일 조선 정부가 파견한 정사(외국에 사절로 가는 신하 가운데 우두머리가 되는 사람) 민영익과 부사(정사를 돕던 버금 사신) 홍영식 등 열한 명으로 구성된 보빙사 일행이 미국의 체스터 아서 대통령을 만난 장면을 담은 기사예요. 1882년(고종 19년) 조선은 미국과 수교를 목적으로 '조미 수호 통상 조약'을 체결했어요. 조약 체결에 따라 다음 해인 1883년 5월 조선에서는 미국에 사절단을 파견하기로 결정했지요. 이렇게 미국으로 파견된 보빙사가 조선의 첫 외교 사절단이에요. 보빙사 일행은 체스터 아서 미국 대통령에게 큰절로 인사하고, 고종 황제의 국서를 전달했어요. 공식 행사를 마친 보빙사 일행은 보스턴, 뉴욕, 워싱턴을 오가며 주요 산업 시설과 문화 시설 등을 두루 견학했어요.

위의 그림은 1883년 9월 29일자 《뉴욕 헤럴드》 기사에 실린 그림이야. 보빙사 일행이 미국 육군사관학교를 방문했을 때, 사관생도들이 보빙사 일행을 보고 "왜 남편을 동반하지 않았지?"라고 했대. 큰 갓을 쓴 모습이 귀부인들이 쓰는 모자처럼 보였던 모양이야.

조미 수호 통상 조약의 체결

《더 일러스트레이티드 런던 뉴스》에 실린 조미 수호 통상 조약 조인식 장면을 그린 그림.

1876년 우리나라가 일본과 강화도 조약을 체결하자, 미국은 청나라에 우리나라와의 수교를 위해 도움을 요청했어요. 강화도 조약 이후 일본의 세력이 커지는 것을 못마땅하게 여기고 있던 청나라는 우리나라와 미국이 수교할 것을 권하며, 적극적으로 '조미 수호 통상 조약'의 체결을 주도했어요. 결국 우리나라의 의견은 반영되지 않은 조미 수호 통상 조약이 1882년 5월 22일, 제물포에서 이루어졌지요.

1882년 9월 2일자 영국 주간지 《더 일러스트레이티드 런던 뉴스》에 '조미 수호 통상 조약'의 조인식(조약의 공문서에 각 나라의 대표자가 서명 또는 날인을 하는 의식) 장면이 실렸어요. 두 나라의 의견 교환과 조약서의 문구 작성을 도맡은 청나라가 이 조인식에 함께했고, 조약이 체결된 직후 제물포 앞바다에서는 미국과 청나라의 군함이 번갈아 축포를 쏘아 올렸어요.

조미 수호 통상 조약 역시 강화도 조약과 마찬가지로 불평등 조약이었어요. 조선의 관세 자주권을 인정하는 근거 규정이 마련되었지만, 미국에 치외 법권을 인정하고 최혜국 대우를 받는 등 조선에 불리한 조항이 포함되어 있었거든요. '치외 법권'이란 '다른 나라의 영토 안에 있으면서도 그 나라 국내법의 적용을 받지 아니하는 국제법에서의 권리'를 말해요. 미국인이 우리나라에서 죄를 지어도 우리나라의 법으로 다스릴 수 없다는 뜻이에요. 또 '최혜국'이란 어떤 나라와 통상 조약을 맺은 여러 나라 가운데 가장 유리한 대우를 받는 나라를 말해요. 즉 우리나라가 다른 나라와 수교를 할 때 미국보다 유리한 조건을 허락하면 미국에게도 그 권리를 인정해 준다는 뜻이지요.

이후 조선은 영국, 독일, 프랑스, 러시아 등 서구 열강들과도 통상 조약을 맺었어요. 그러나 조미 수호 통상 조약에 따라 다른 나라와 맺은 통상 조약에도 불평등한 조항이 들어가게 되었지요.

보빙사를 파견하라!

　외국 사신이 우리나라에 왔을 경우 답방의 형태로 외국을 방문하는 일을 '보빙'이라고 하고, 그 사절단을 '보빙사'라고 해요. 보빙사의 파견은 외국과 우호를 다지고, 국제 문제를 논의하기 위한 목적이었지요. 보빙사를 파견한 최초의 기록은 1399년(정종 1년) 8월, 호조 전서(재정, 셈, 회계, 경제를 담당하는 오늘날의 기획재정부와 같은 조선 시대 육조 가운데 하나인 호조의 으뜸 벼슬) 최운사를 일본에 보낸 것이 《조선왕조실록》에 나와요. 이후에도 중국, 일본 등에 보빙을 목적으로 사절단을 파견했다는 기록이 있지요.

　1882년에 조미 수호 통상 조약의 체결이 이루어진 후 이듬해에 미국의 공사 푸트가 우리나라에 오자, 이에 대한 답례로 조선에서도 보빙사를 파견했어요. 《고종실록》을 보면 고종이 "미국 공사가 국서를 가져와서 우호 관계가 이미 도타워졌으니 마땅히 답방이 있어야 할 것이다."라고 하며 보빙사를 파견하라고 명했다고 기록되어 있어요. 그러고는 서광범을 미국 보빙 전권대신 종사관(조선 시대에 통신사를 수행하던 임시 벼슬)으로 삼았지요. 미국에 간 보빙사의 구성원은 전권대신 민영식, 부대신 홍영식, 종사관 서광범 등과 통역을 맡은 중국인 오례당과 일본인 미야오카, 미국까지 안내를 맡은 미국인 로웰 등 모두 열한 명이었어요.

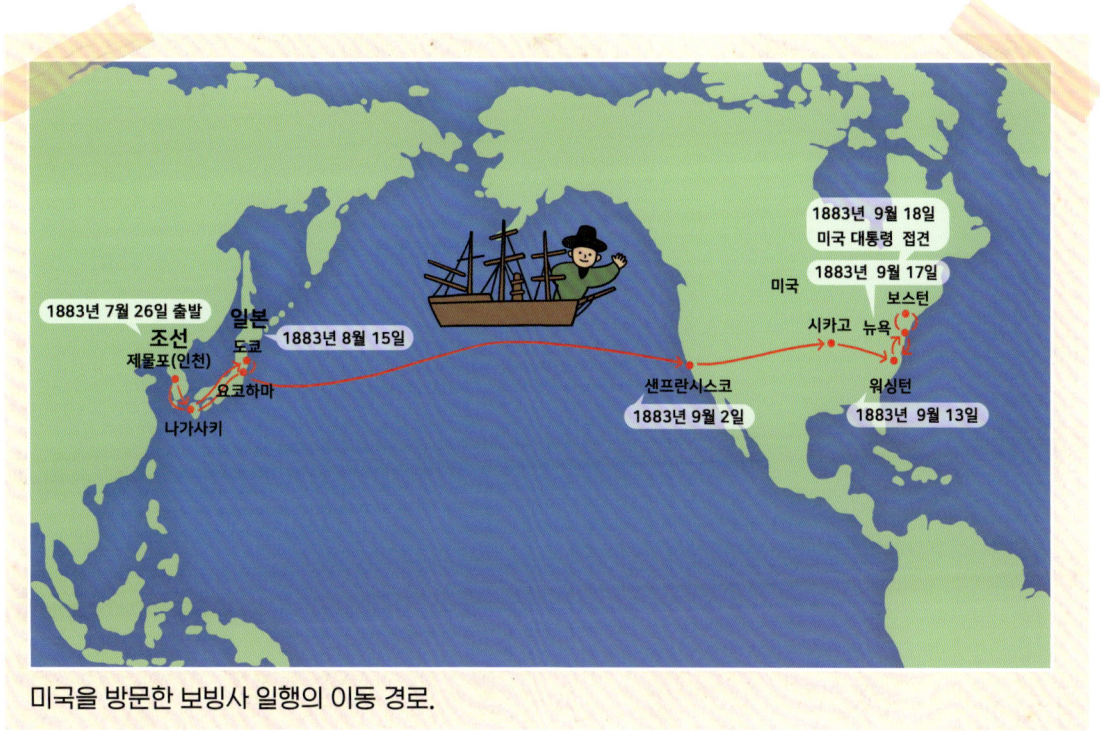

미국을 방문한 보빙사 일행의 이동 경로.

THE KOREAN LEGATION.

member of the Genro-in,—the Japanese Senate; and later in the year was accredited as minister to the United States. About a year ago, for his eminent services he was decorated by his majesty the Emperor of Japan, receiving the third-class decoration of the Order of Sacred Treasures.

The Japanese government has purchased for its legation a handsome residence on N Street, where the minister is assisted by his charming wife in his notable entertainments. Madame Tateno is a bright woman of gentle personality and many accomplishments, who maintains with admirable tact her difficult position in an utterly foreign society. Her receptions and dinners, while irreproachable in taste and appointments, usually receive a characteristic touch in the decorations, by some artistic arrangement of the Japanese colors, or by pretty conceits of Oriental workmanship as favors and menus. Among her other accomplishments Madame Tateno delights her friends by playing upon the *ko-to*, or Japanese harp, which, under skilled fingers, has all the sweetness and delicacy of tone of a piano.

The Japanese minister and his wife seem to have thoroughly absorbed our Western ideas, and have adapted themselves readily to the conditions of American life. As it is the court costume of Japan, they wear the European dress. Their daughter and only child, Miss Masu, is a pretty and demure little maiden, who looks very quaint in her Greenaway gowns and big frilled aprons, and is an apt scholar in one of the fashionable schools in the neighborhood.

The legation is simply but handsomely furnished, and would be quite like a conventional American interior were it not for the rare objects of Japanese art which the minister

tions in his native province of Kokura, until—when still a young man—he was sent to Europe in charge of a party of Japanese students. A residence of four years in London has given him a fluent command of English, which he speaks and writes almost perfectly. On his return to Japan in 1877, Mr. Tateno was appointed to an office in the household of the Emperor; and the following year was designated as a member of the committee appointed by the imperial government to receive General Grant. Meeting the general upon his arrival from China, he remained with this distinguished visitor during his entire stay in Japan.

In 1880, Mr. Tateno was made governor of Osaka, which office he held for ten years, instituting many reforms, and, mainly through his efforts, gaining for Osaka its reputation as one of the best and most economically administered of the large municipalities in Japan. During his governorship Mr. Tateno enjoyed a popularity rarely accorded to any Japanese official; and he was on specially cordial terms with the foreign residents of his territory, to whom he gave many evidences of the kindliest consideration. A most notable instance of this, which called forth an expression of official recognition from the American minister, was the prompt assistance rendered by Governor Tateno to the resident foreigners when Osaka was swept by the terrible flood of 1885.

In 1890 M

워싱턴 주미대한제국공사관의 모습
-미국 잡지 《드모리스트 패밀리 매거진》 기사

주미대한제국공사관은 1905년 11월 을사늑약으로
일제가 대한 제국의 외교권을 강탈하기 전까지
16년간 외교 활동의 중심 무대로 쓰인 외교 공간이었다.

　　1882년 5월 22일 우리나라는 서양 국가 중 최초로 미국과 외교 협정(조미 수호 통상 조약)을 맺었어요. 이에 따라 1883년 5월 우리나라의 수도인 서울 정동에 미국 공사관이 세워지고, 조선 주재 미국 공사관으로 루셔스 푸트가 부임했지요. 그리고 1889년 2월 미국 워싱턴 D.C. 백악관 북동쪽 로건서클에 주미대한제국공사관을 설치했어요. 기사에 실린 사진은 주미대한제국공사관의 겉모습(위)과 건물 안쪽(아래)의 모습이에요. 총 3층으로 이루어진 주미대한제국공사관은 외부 손님을 맞이하는 접견실인 '객당', 고종의 어진을 걸고 망궐례(음력 초하루와 보름에 각 지방의 관원이 절하던 의식)를 올리던 '정당' 말고도 식당, 침실, 공사 집무실, 서재, 공관원 사무실 등의 공간이 있었어요.

미국 화보 신문 《프랭크 레슬리의 일러스트레이티드 뉴스페이퍼》에 실린 주미대한제국공사관의 모습이야. 우리 가족처럼 단체로 기념사진을 찍었군.

원형이 보존된 유일한 건물

주미대한제국공사관 건물은 원래 워싱턴 개발 위원장을 지냈던 펠프스의 집이었어요. 1887년에 초대 주미 전권공사로 파견된 박정양이 고종이 하사한 2만5천 달러로 펠프스의 집을 구입해 이듬해부터 공사관으로 사용했지요. 하지만 1905년에 을사늑약으로 일제가 대한 제국의 외교권을 강탈하면서 공사관의 기능을 잃었고, 1910년 8월에 국권을 앗아간 일제는 단돈 5달러에 공사관 건물을 강제로 빼앗았어요. 그 후 1945년 8월 광복을 맞았지만, 공사관 건물은 미국 트럭 노조인 팀스터스 유니온의 사무실로 쓰이다가 1972년에는 개인 집으로 사용되었어요. 그러다 1990년 후반에 미국 한인 사회에서 공사관 건물을 되찾자는 논의가 시작되어 2012년에 문화재청과 문화유산국민신탁이 건물을 다시 사 공사관 건물을 되찾을 수 있었어요. 주미대한제국공사관은 대한 제국과 미국의 우호 관계를 다지는 시작점이었고, 서양의 근대 문물을 우리나라에 소개하는 다리 역할을 했다는 점에서 의의가 있어요. 또 현재까지 원형이 그대로 남아 있는 유일한 공사관 건물로 역사적 가치가 높답니다.

당시 미국에서 제작된 주미대한제국공사관 건물을 담은 엽서(왼쪽)와 복원된 주미대한제국공사관의 현재 모습(오른쪽).

주한 유럽 외교관들을 위한 연회

서울에서 열린 연회 모습이 실린 《더 일러스트 레이티드 런던 뉴스》 기사의 그림.

1894년 9월 1일자 영국 주간지 《더 일러스트레이티드 런던 뉴스》에 서울에서 열린 연회 모습이 실렸어요. 조선 외무독판(조선 후기 궁내 사무를 맡아보던 관청의 으뜸 벼슬)의 주최로 열린 이 연회는 조선에 파견된 유럽 외교관들을 초청해 대접하는 자리였지요. 식탁 가운데에 큰 화병을 두고, 샴페인을 마시는 등 연회장은 유럽 스타일로 꾸며졌고, 마당에서는 춤과 줄타기 공연도 열렸어요.

ON BOARD ONE OF THE VESSELS OF A CHINESE SQUADRON VISITING A BOUNDARY HARBOUR
THE HOSTILITIES BETWEEN CHINA AND JAPAN
FROM A SKETCH BY G. W. COLE, R.N.

CHINESE SOLDIERS PLUNDERING COREANS

청일 전쟁을 보도했던 《더 일러스트레이티드 런던 뉴스》는 "이 전쟁은 두 나라 중 어느 나라가 승리하든, 힘없는 조선의 독립 상태가 종결됨을 의미할 것이다."라고 했대. 아, 슬픈 운명의 조선이여!

청일 전쟁의 발발

-영국 런던 주간지 《더 그래픽》 기사

교활한 동양인들은 전쟁도 기이하게 벌인다.
서양에서는 교전을 벌이기 전에 선전 포고를 하지만
동양에서는 먼저 싸우고 그 후에 전쟁을 선포한다.

전봉준을 주축으로 한 동학 농민 운동(1894년에 전라도 고부의 동학 접주 전봉준 등을 지도자로 동학도와 농민들이 합세하여 일으킨 농민 운동)이 일어나자, 우리나라는 청나라에 도움을 요청했고, 우리나라를 손에 넣기 위해 기회를 엿보던 일본 역시 우리나라에 군대를 파견했어요. 농민군이 모두 물러간 뒤에도 일본군은 우리나라의 내정을 간섭하며 군대의 무장을 해제시킨 뒤 청나라군을 공격해 전쟁을 일으켰지요. 1894년 6월, 우리나라의 지배권을 놓고 청나라와 일본 사이에 전쟁이 일어났어요. 이 전쟁이 바로 '청일 전쟁'이에요.

위쪽 그림은 1894년 8월 4일자에 실린 기사의 그림으로, 우리나라 항구 아산포에 상륙한 청나라 함대의 모습이에요. 그리고 아래쪽 그림은 1895년 3월 9일자에 실린 기사의 그림으로, 청나라군이 우리나라 사람을 학살하고 수탈하는 장면을 담고 있어요. 청나라와 일본은 우리나라의 해상과 육상에서 전쟁을 벌였고, 이 때문에 우리나라는 엄청난 피해를 입었지요. 약 10개월에 걸친 청일 전쟁은 막대한 자금력으로 강력한 무기를 앞세운 일본의 승리로 끝이 났어요.

사람이 곧 하늘이다

동학의 창시자 최제우.

조선 후기에 서양에서 들어온 '서학(西學)'은 천주교 성격이 강하고, 모든 사람이 평등하다는 이념을 내세웠어요. 이 때문에 신분의 구분이 엄격한 우리나라는 서학을 탄압했지요. 이때 최제우는 모든 사람은 태어날 때 하늘의 심성을 타고나기 때문에 사람의 존엄성은 곧 하늘의 존엄성과 같다는 뜻의 '인내천(人乃天)'을 바탕으로 하는 '동학(東學)'을 창시했어요. 동학은 기존의 계급을 바탕으로 한 봉건 사회에 반대하고, 서학과 왜를 배척하는 반외세 사상을 주장해 일반 백성들 사이에서 빠르게 퍼져 나갔어요.

동학 농민 운동

동학이 농민들 사이에서 확산되자 조정에서는 '백성의 정신을 혼란스럽게 하고 세상을 어지럽히는 종교'라는 죄를 씌워 최제우를 처형시키고, 동학을 탄압했어요. 동학 교도들이 억울함을 호소했지만 소용없었지요. 그러던 중 전라도 고부 군수 조병갑이 농민들의 재산을 불법으로 착취하고 횡포를 부린 사건이 일어났어요. 동학 교도 탄압에 대한 불만에 이 사건이 더해져 1894년 1월 동학 교도들은 지도자 전봉준을 필두로 한 '동학 농민 운동'을 일으켰어요. 관아를 점령한 전봉준은 조병갑을 벌할 것과 외국 상인의 침투 금지 등을 요구했고, 조정에서는 그 요구를 받아들이겠다고 약속했어요. 이에 동학 농민군은 열흘 만에 해산했지요. 동학 농민 운동은 '동학 농민 혁명', '갑오 농민 전쟁'이라고 부르기도 해요.

1895년 4월 24일에 구속된 동학 농민 교도 최경선.

보빙 대사로 임명된 의왕

고종은 명성 황후를 비롯, 일곱 명의 부인에게서 6남 1녀를 얻었어요. 그중 의왕은 1877년에 귀인 장씨에게서 태어난 고종의 아들이에요. '의친왕' 또는 '의화군'이라고도 불리지요. 의왕은 1894년 9월 청일 전쟁에서 일본이 승리하자, 전승을 축하하는 보빙 대사로 임명되어 일본에 갔다가 10월에 귀국했어요.

영국 런던 주간지 《더 그래픽》 1894년 11월 29일자에는 '일본으로 가기 위해 제물포에 도착한 조선 왕의 둘째 아들'이라는 기사와 함께 열아홉 살밖에 안 된 왕자가 일본으로 떠나기 위해 제물포에 도착한 모습을 담고 있어요. 병사들의 호위를 받으며 행진하는 의왕의 모습 옆으로 긴 막대기로 군중을 물리치는 병사의 모습이 보여요.

《더 그래픽》에 실린 기사의 그림.

Le Journal illustré

TRENTE-DEUXIÈME ANNÉE — N° 43 — DIMANCHE 27 OCTOBRE 1895 — PRIX DU NUMÉRO : 15 CENTIMES

GRAVURES

L'assassinat de la reine de Corée, par Lionel Royer. — Le désarmement de l'armée des Hovas à Tananarive, par Tofani. — Nos illustrations de L'Amour vainqueur, feuilleton du Petit Journal, par Tofani. — Le baron Larrey.

ABONNEMENTS — SIX MOIS — UN AN
Seine et Seine-et-Oise... 3 50 — 6 50
Autres départements... 4 » — 7 50
Etranger... 5 » — 9 »

Administration et Rédaction à Paris, hôtel du Petit Journal, Rue Lafayette, 61.

TEXTE

Chronique de la semaine, par Alfred Barbou. — Théâtres, par Léon Kerst. — Carnet fantaisiste, par Ménalque. — Nos gravures, par Léon Kerst. — L'instantané, nouvelle, par Auguste Deslinières. — Les enfants et les singes. — Mot en trapèze, par A. Frémendity.

LES ANNONCES SONT REÇUES AUX BUREAUX DU JOURNAL, 61, RUE LAFAYETTE
ET 16, RUE GRANGE-BATELIERE

> 명성 황후를 꼭 서양 왕비처럼 그려 놓았네. 본 적 없는 조선의 왕비를 그리는 건 쉽지 않았나 봐. 명성 황후를 직접 본 외국인은 "왕비는 긴 타원형 얼굴에 이마는 도드라지고 코는 오뚝하였다."라고 묘사했대.

조선 왕비의 암살

−프랑스 주간지 《르 주르날 일뤼스트레》 표지 기사

뚜렷하게 친중국 정치를 펼쳤던 조선의 왕비가 살해되었다. 침입자들은 근위병들을 먼저 학살한 뒤 왕비의 거처로 들어가서 왕비와 궁녀 세 명을 살해하였다. 그리고 시신은 불태워 버렸다. 조선 왕비의 나이는 45세였다.

1895년 10월 8일(음력 8월 20일)에 조선 제26대 왕인 고종의 비 '명성 황후(사후 대한 제국이 성립되면서 황후로 추봉)'가 일본인들에게 시해(부모나 임금 등을 죽임)된 사건을 다룬 기사예요. 당시 우리나라는 명성 황후와 흥선 대원군의 세력 다툼 속에서 영국, 독일, 러시아, 일본 등 열강들의 내정 간섭을 받고 있었어요. 우리나라를 침략하려는 일본의 야심을 알아차린 명성 황후가 친러 정책을 쓰며 일본에 대항하자, 일본 공사 미우라는 우리나라에서 밀려날 것을 염려하여 경복궁에 있던 명성 황후를 살해하고, 일본 세력을 확장하려 했어요. 이 사건이 바로 '을미사변'이에요. 이 비극적이고도 비참한 조선의 왕비 시해 사건은 조선 백성들에게 큰 충격을 주었지만, 이 사건에 연루된 일본인들은 재판에서 모두 풀려났어요. 강화도 조약 때 일본인이 우리나라에서 죄를 짓더라도 우리나라의 법이 아닌 일본의 법에 따라 처벌한다는 조항에 따라 일본에서 재판을 했기 때문이었지요.

명성 황후, 어떤 게 진짜 모습일까?

① 명성 황후로 추정되는 사진. ② 프랑스 주간지 《릴뤼스트라시옹》에 실린 명성 황후 그림. ③ 스페인 신문에 실린 명성 황후의 그림. ④ 경기도 여주에 있는 명성 황후 동상.

명성 황후는 공식적인 초상화가 없어요. 그 이유는 정확히 밝혀지지 않았지만, 명성 황후가 시해될 때 초상화도 모두 불에 탔다고도 하고, 명성 황후가 평소 사진 찍는 걸 아주 싫어해서 남아 있는 사진이 없다고도 해요. 그래서 명성 황후를 직접 본 사람들이 한 묘사만으로 생김새를 추측해 볼 뿐이에요. 보통 명성 황후라고 추정되는 초상화나 사진에는 한 여성이 머리 위에 어염족두리를 얹고 그 위에 어여머리를 올린 다음 떠구지를 얹은 모습을 하고 있어요.

- **어염족두리**: 어여머리할 때 쓰는 족두리로, 솜을 넣고 만들어 '솜족두리'라고도 해요. 좌우에 끈이 달려 있어요.
- **어여머리**: 부인이 예복을 입고 차림새를 갖출 때 하는 머리 모양을 말해요. 머리에 족두리를 쓰고 그 위에 가체로 땋아 만든 다리를 얹은 다음, 봉잠(봉황의 모양을 대가리에 새긴 큼직한 비녀)과 밀화잠(밀화 조각에 꽃을 새기고 은으로 고달을 단 비녀)을 양편으로 찔러 화잠으로 쪽을 만든 뒤 옥판을 앞에, 화잠을 좌우에 한 개씩 꽂고 위에 활머리(나무로 다리를 튼 것과 같이 만들고 검은 칠을 한 어여머리의 맨 위에 얹던 물건)를 얹어요.
- **떠구지**: 큰머리를 틀 때 머리 위에 얹던, 나무로 만든 틀이에요. 머리를 땋은 것처럼 음각을 하고 전체에 옻칠을 한 것으로, 아래쪽에 비녀 두 개를 꽂아요.

명성 황후가 시해된, 경복궁

조선을 세운 태조 이성계는 고려의 수도였던 개경에서 도읍을 한양으로 옮기고 1394년 북악산 아래에 경복궁을 지었어요. 경복궁의 이름은 유교 경전인 《시경》에 나오는 '군자만년개이경복(君子萬年介爾景福)'이라는 글귀에서 두 자를 따왔어요. '군자만년 개이경복'은 '군자여,

경복궁 전경.

만년토록 복을 누리소서.'라는 뜻이지요. 경복궁은 도성의 북쪽에 있다고 하여 '북궐'이라고도 불렸어요. 경복궁에서는 임금이 신하들과 나랏일을 보고, 임금과 왕비가 생활을 하고, 외교 사절을 맞거나 나라의 주요 행사가 열리기도 했어요. 하지만 임진왜란 때 궁 전체가 불에 탄 이후 오랫동안 폐허로 남아 있게 되지요. 그러다 조선 후기 고종 때 다시 지어졌어요. 고종의 아버지인 흥선 대원군은 왕의 위엄을 세우기 위해 원래의 규모보다 훨씬 더 크게 경복궁을 중건했어요. 그러나 다시 일제 강점기에 전각 대부분이 헐리고 파괴되는 수난을 겪었지요. 이후 1991년부터 경복궁 복원 공사가 진행되어 현재의 모습을 갖추었어요.

경복궁 둘러보기

- **광화문**: 경복궁의 정문이에요. 일제 강점기에는 일본이 광화문을 경복궁 동문인 건춘문 북쪽으로 옮긴 후 그 자리에 조선 총독부를 지었고, 6·25 전쟁 때는 폭격을 당해 불에 타 없어지고 말았어요. 이후 복원 사업으로 2010년에 와서야 비로소 광화문은 제자리를 찾게 되었어요.
- **근정전**: 경복궁에서 가장 크고 웅장한 건물이에요. 중요한 국가 행사를 치르고, 임금과 신하가 모여 여러 가지 나라 정책을 결정했어요.
- **사정전**: 임금이 신하와 경연을 벌이고 정무를 맡아보던 집무실이에요.
- **강녕전**: 왕이 일상을 보내는 거처로, 침전으로 사용했어요.
- **자선당**: 왕세자와 왕세자빈의 생활 공간이며, 왕세자의 교육이 이루어지던 곳이에요.
- **경회루**: 인공 연못 안에 만들어진 누각으로 연회를 베풀던 곳이에요. 조선 시대 누각 중에서 가장 크지요. 지금의 경회루는 고종 때 새로 지어졌어요.
- **건청궁**: 고종과 명성 황후가 휴식을 취하기 위해 만든 작은 궁궐이에요. 명성 황후가 시해된 장소이지요. 우리나라 최초로 전깃불을 밝힌 곳이기도 해요.

러시아 공사관

THE RUSSIAN LEGATION AT SEOUL.

오! 저 멀리 보이는 러시아 공사관 모습이 너무나 쓸쓸하게 느껴지네. 러시아 공사관에서 본 한양의 전경은 가슴이 텅 빈 것 같이 허전하구나.

극비리에 거처를 옮긴 조선의 왕

-미국 주간지 《하퍼스 위클리》 기사

**이 은자의 왕국에서 러시아의 존재는 매우 두드러져 보인다.
수도에 자리한 러시아 공사관 건물에 나부끼는
러시아 깃발이 조선인들에게 익숙해지고 있는 한편,
영향력을 확대하려는 러시아의 움직임은 이미 시작되었다.**

명성 황후가 시해된 이후 무자비한 일본군에게 신변의 위협을 느낀 고종은 왕세자를 데리고 1896년 2월 11일부터 약 1년 동안 우리나라의 왕궁을 떠나 러시아 공사관으로 거처를 옮겼어요. 일본 세력에 대한 친러 세력의 반발과 고종의 불안한 심리가 더해진 이 사건을 '아관 파천'이라고 해요. '아관'은 '러시아 공사관'을, '파천'은 '임금이 도성을 떠나 다른 곳으로 피란하던 일'을 말해요. 미국 주간지 《하퍼스 위클리》 1897년 7월 24일자에 실린 왼쪽의 두 사진은 러시아 공사관과 러시아 공사관에서 바라본 한양의 모습이에요. 1896년에 사진작가 윌리엄 헨리 잭슨이 우리나라를 방문하여 찍은 사진이지요. 아관 파천으로 우리나라의 친일 정권이 무너지고, 각종 경제적 이권이 러시아로 넘어갔어요.

외국에 넘어간 조선의 이권

아관 파천 후 우리나라 정부를 등에 업은 러시아는 압록강 연안과 울릉도의 삼림 채벌권을 비롯하여 경원·종성의 광산 채굴권, 경원 전신선을 시베리아 전선에 연결하는 권리, 인천 월미도 저탄소 설치권 등의 경제적 이권을 차지했어요. 그러자 조선에 들어와 있던 다른 나라들도 동등한 권리를 주장했어요. 결국 우리나라는 미국에 서울 시내 전차·전등·전화 부설권과 금광 채굴권을, 일본에 경부선, 경인선 철도 부설권과 금광 채굴권을 팔았지요. 그 밖에도 프랑스, 독일, 영국 등에 각종 이권을 팔았어요.

외국에 넘어간 우리나라의 이권들.

고종의 환궁을 요구한 독립 협회

독립문과 기둥만 남은 영은문 사진.

독립운동가 서재필은 민중 계몽의 필요성을 느끼고 《독립신문》을 발간하면서 1896년(고종 33년)에 '독립 협회'를 설립했어요. 독립 협회는 우리나라 최초의 근대적인 사회 정치 단체로, 서재필, 윤치호, 이상재 등의 개화 지식층이 주축이 되어 우리나라의 자주독립과 정부의 개혁을 요구하는 활동을 했어요. 1896년 2월 고종의 아관 파천 후, 세계 열강들에게 많은 이권이 넘어가고 정치 간섭을 받자, 남의 보호나 간섭을 받지 않고 스스로 일어서자고 외쳤지요. 이에 독립 협회는 고종에게 중국 사신을 영접하던 '영은문' 자리에 프랑스 파리의 개선문을 본따 만든 '독립문'을 세우자고 해요. 그리고 독립 협회는 고종의 환궁을 호소하였고, 고종은 1년 만인 1897년 2월 25일에 러시아 공사관에서 경운궁(덕수궁)으로 환궁하였답니다.

고종과 커피의 운명적인 만남

아관 파천으로 러시아 공사관에서 지내던 고종은 어느 날, 난생 처음 맡아보는 향과 맛을 가진 커피를 마시게 돼요. 고종에게 커피를 진상(진귀한 물품이나 지방의 토산물 따위를 임금이나 고관에게 바침)한 사람은 러시아 공사관에서 일하던 독일 국적의 프랑스 여성인 마리 앙트와네트 손탁이었어요. 이후 고종은 커피의 매력에 빠져 커피를 무척 좋아하게 되었지요.

고종에게 커피를 진상했던 손탁.

고종은 경운궁으로 환궁한 뒤에도 커피를 즐겨 마셨고, 손탁을 경운궁으로 데려와 조선 황실의 서양 전례관으로 일하게 했어요. 손탁은 영어, 독일어, 프랑스어, 러시아어 등 각국 언어를 잘했을 뿐만 아니라 우리말도 빨리 익혀 고종의 신임을 얻었어요. 손탁은 황실에 서양 음식을 소개하고, 다른 나라와 행사가 있을 때 옷과 행사에 쓰일 물건들을 챙기는 일을 주로 했어요. 그리고 외국의 고위 사절단과 조선 황실을 연결해 주는 중요한 역할도 함께했지요. 1902년에 고종으로부터 덕수궁 근처에 있는 땅을 하사받은 손탁은 그 자리에 외국 사신과 방문객을 위한 손탁 호텔을 지어 운영했답니다.

손탁 호텔.

독도는 누가 봐도 우리 땅!

우리나라 주민 한 명과 독도 경비대, 등대 관리원 등 약 22명이 살고 있는 **독도**(2023년 4월 기준).

한반도에서 가장 오래된 화산섬인 '독도'는 두 개의 섬으로 이루어져 있어요. 울릉도에서 동남쪽으로 87.4킬로미터 떨어진 곳에 있으며, 행정 구역상으로는 경상북도 울릉군 울릉읍에 속해 있지요. 우리나라 천연기념물 제 336호예요.

하지만 독도를 호시탐탐 노리는 일본은 1905년에 일방적으로 독도를 일본 영토라고 말하며 지금까지도 계속 일본의 것이라고 주장하고 있어요. 일본은 1904년 러일 전쟁에서 승리하면서 주인 없는 섬이었던 독도를 자신들의 영토로 삼았다고 말해요. 독도를 '다케시마'라고 부르며 우리가 독도를 불법으로 차지하고 있다고 억지 주장을 펼치지요.

일본이 독도를 자기네 땅이라고 우기는 이유는 독도의 가치가 매우 높기 때문이에요. 독도 주변 해역은 차가운 한류와 따뜻한 난류가 만나고 있어 명태, 오징어, 연어 등의 다양한 물고기와 다시마, 소라, 전복 등의 해조류가 사는 황금 어장이거든요. 또 독도 주변 지하에는 미래 에너지원으로 꼽히는 가스 하이드레이트 등의 지하자원이 많이 묻혀 있어 그 잠재력이 무척 크다고 할 수 있어요. 이 때문에 일본은 교묘하고 비겁한 방법으로 독도를 차지하기 위해 끊임없이 노력을 쏟고 있지요.

우리나라는 독도가 명확히 우리의 땅이라는 사실을, 그 증거를 찾아야 했어요. 먼저 독도가 처음으로 등장하는 우리나라 역사서는 김부식이 지은 《삼국사기》예요. 《삼국사기》에 신라의 이사부가 우산국(지금의 독도)을 정벌하여 신라가 우산국을 지배하게 되었다고 쓰여 있지요. 또 조선 시대에 편찬된 《세종실록지리지》(1454년)에는 울릉도와 독도가 강원도 울진현에 속한 두 섬이라고 기록하고 있고, 《동국문헌비고》(1770년)에 '울릉(울릉도)과 우산(독도)은 모두 조선의 땅'이라고 씌어 있어요. 이는 모두 일본이 독도를 자기네 땅이라고 주장하는 1904년보다 훨씬 앞서 있는 것이지요. 하지만 그럼에도 불구하고 일본은 독도에 대한 뜻을 굽히지 않고, 국제 사회에서도 여전히 뻔뻔하게 독도를 자기네 땅이

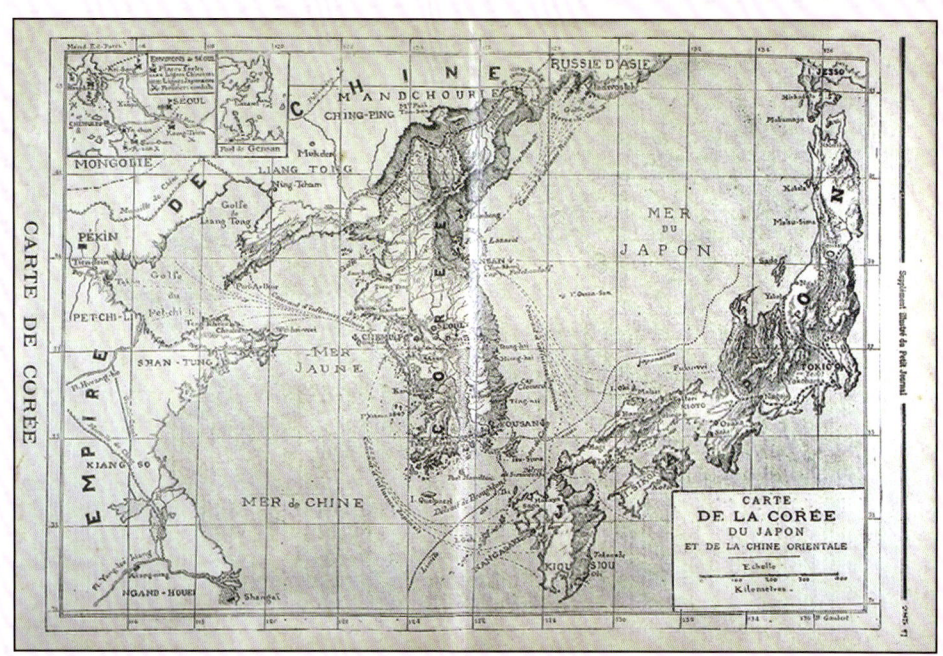
《르 프티 주르날》에 실린 우리나라와 일본, 동중국의 지도.

라고 소개해요. 우리나라 역사서에 쓰인 증거는 아무런 효력이 없다면서요. 그래서 우리는 국제 사회에서도 인정을 받기 위해서 세계에서도 인정하는 공식적인 증거를 찾아야 했어요.

그러던 중 1894년 9월 3일자 프랑스 일간지 《르 프티 주르날》에 실린 조선의 지도가 발견되었어요. 이 지도는 '한국과 일본, 동중국의 지도'라는 제목으로 조선과 일본의 지형, 주요 도시의 경계와 해상로 등을 세밀하게 그려 놓았어요. 또 한반도와 일본 사이엔 점선을 긋고 '일본의 해상 경계'라는 이름으로 바다 위의 국경선을 분명히 표시했어요. 이 선은 동중국해에서 대한 해협을 거쳐 북위 39도까지 이어져 있으며, 이 선에서 약 220~400 킬로미터 서쪽에 울릉도와 함께 '우산도(I. Ouen-San)'가 표시되어 있어요. '우산도'는 독도의 옛 이름으로, 정확히 독도를 우리나라의 영토로 표시하고 있는 거예요. 이로써 독도가 우리나라 땅임이 명백하지요?

아직까지도 일본 정부는 독도를 일본 땅이라는 말도 안 되는 주장을 하고 있지만, 누가 봐도 독도는 우리 땅이고, 우리가 지켜 나가야 할 소중한 재산이랍니다.

꼬레아 역사 저널 : 대한 제국

태극기가 그려진 대한 제국 만세 엽서.

일제와 서구 열강들의 싸움터로 변해 버린 꼬레아,

그 속에서도 우리는 애국심과 주체성을 잃지 않으려 안간힘을 썼지요.

그것이 오늘날의 우리나라를 만든 힘이에요.

> 고종 황제의 초상화를 그린 프랑스 화가 드 라 네지에르는 붓 터치를 할 때마다 황제에게 일일이 보고하는 내관들이 인상적이었대. 또 황제 앞에서는 그 누구도 앉아 있어서는 안 되기 때문에 드 라 네지에르 역시 화판틀을 높이고 선 채로 그림을 그렸다는구나.

황제의 자리에 오른 고종
-프랑스 주간지 《라 비 일뤼스트레》 표지 기사

어느 날 아침 11시경에 궁으로 오라는 연락을 받았습니다.
옷을 차려입고 가마를 타고 가서
황제가 사는 궁궐 앞에 내렸습니다.
그리고 마침내 황제를 만났습니다.

1897년 2월 25일, 고종은 러시아 공사관으로 피신한 지 1년 만에 경복궁이 아닌 경운궁(지금의 덕수궁)으로 환궁했어요. 고종은 명성 황후가 시해된 경복궁보다 외국 공사관으로 둘러싸인 경운궁이 더 안전하다고 느꼈기 때문이에요. 8월에는 연호를 '광무'라 고치고, 10월에는 국호를 '대한 제국', 왕을 '황제'라 하여 황제 즉위식을 가졌어요. 이로써 조선은 독립 제국임을 국내외에 선포하게 되었지요. 기사에 난 삽화는 대한 제국 황제인 고종의 공식 초상화로, 프랑스 화가인 드 라 네지에르가 1903년에 그린 것이지요. 고종 황제가 프랑스 화가에게 초상화 작업을 맡기고 싶다 하여 드 라 네지에르가 그리게 되었어요. 황제 뒤로는 일월오봉도가 그려진 병풍이 둘러져 있어요.

드 라 네지에르가 그린 고종의 초상화래.

고종, 미국 여성과 결혼하다?

고종 황제가 미국 여성 에밀리 브라운 양과 결혼했다는 잘못된 기사가 난 러시아 신문.

1905년 3월 12일, 러시아의 한 신문에 대한 제국의 황제 고종이 미국 오하이오주의 15세 소녀 에밀리 브라운 양과 결혼을 했다는 기사가 났어요. 장로교 선교사인 아버지를 따라 대한 제국에 살고 있던 브라운 양이 고종의 총애를 받아 황후가 되었다는 내용이었지요. 기사에는 혼례식 절차와 당시 상황이 구체적인 스케치와 함께 보도되었어요. 하지만 이 황당한 기사는 사실이 아닌 잘못된 기사였어요. 이미 1903년에 미국에서 이 기사가 나 언론을 시끄럽게 하고 오보임이 밝혀졌는데, 몇 년 후 러시아에서 이 기사를 사실로 받아들여서 기사화한 것이 바로 왼쪽 기사예요.

조선 시대 왕의 상징, 일월오봉도

일월오봉도는 조선 시대 왕이 앉는 자리 뒤에 놓였던 병풍을 말해요. '일월오악도'라고도 하고, '오봉도'라고도 해요. 태양과 달, 다섯 개의 성스러운 산봉우리, 파도가 부서지는 바다,

경복궁 사정전의 〈일월오봉도〉.

멋드러지게 어우러진 숲(소나무)이 좌우대칭을 이루는 것이 특징이에요. 영원히 지속된다는 상징성 있는 자연의 사물을 완벽한 대칭과 균형으로 그린 일월오봉도는 짙은 채색과 화려하면서도 정돈된 필선으로 장엄함을 느낄 수 있어요. 이 그림은 왕이 앉는 자리의 병풍으로 쓰인 만큼 왕의 권위와 존엄을 상징한답니다.

불길에 휩싸인 경운궁

1904년 4월 경운궁에서 큰불이 났어요. 불길은 순식간에 함녕전, 중화전, 즉조당, 석어당 및 각 전각들을 태우고 경운궁은 걷잡을 수 없는 커다란 화염에 싸이고 말았지요. 이 사건을 보도한 영국 런던 주간지 《더 그래픽》의 1904년 6월 11일자 기사는 "황제가 조회를 하던 웅장한 정전이 화재로 순식간에 잿더미로 변했다. 화재가 나는 동안 주변의 가파른 산이 환해졌고, 거리에는 허둥대며 날뛰는 사람으로 가득했다. 일본 군대가 신속히 현장에 출동해 질서를 잡았고, 영국 해병대 소속 공사관 경비대가 화재 진압에 큰 일조를 하였다. 불행히도 이 사고로 남자아이 한 명이 목숨을 잃었다."라고 전했어요.

불길에 휩싸인 경운궁이 그려진 《더 그래픽》 기사.

오!

일본은 강대국 러시아를 상대로 전쟁을 일으키기 이틀 전인 1904년 2월 6일에 부산과 마산포에 일본군 함대를 대규모로 배치했다고 해. 그야말로 전쟁을 위해 만반의 준비를 한 거지.

엄마, 천재!

경성을 점령한 일본 군인

-프랑스 화보 신문 《르 프티 파리지앵》 기사

오른손으로 소총을 든 일본 군대가
발을 착착 맞춰 걸으며
도성의 성문을 통과해 행진하고 있어.
일본 군국주의를 상징하는 욱일기도 보여.

　　1904년 2월 28일자 《르 프티 파리지앵》에 실린 기사의 그림은 서울을 점령한 일본 군인의 모습을 담고 있어요. 청일 전쟁으로 중국의 뤼순항을 차지한 러시아는 대한 제국의 제물포도 차지하고 싶었어요. 러시아는 국제 교역을 위해 겨울에도 바다가 얼지 않는 항구가 필요했기 때문이에요. 하지만 러시아의 남하를 견제하고 있던 일본이 영국과 군사 동맹을 맺고, 1904년 2월 8일에 먼저 러시아를 공격한 거예요. 이 사건이 '러일 전쟁'의 시작이었지요. 그 때문에 대한 제국은 전쟁의 주무대가 되었고, 수개월의 전쟁 끝에 일본이 러시아군을 이기고 '포츠머스 조약'을 체결했어요. 포츠머스 조약에는 러시아가 한반도에서 일본의 권리를 인정한다는 내용이 담겼지요. 또 일본은 이 조약으로 사할린 남부를 얻고, 러시아가 차지했던 만주 철도 경영권과 뤼순·다롄의 조차권(특별한 합의에 따라 한 나라가 다른 나라 영토의 일부를 빌려 일정 기간 동안 통치하는 권리)을 물려받았어요.

다윗과 골리앗의 싸움

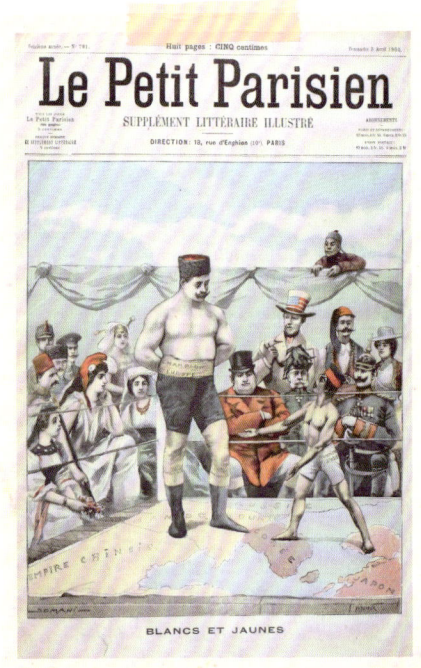

《르 프티 파리지앵》에 실린 '황인종과 백인종의 대결' 기사.

프랑스 화보 신문《르 프티 파리지앵》1904년 4월 3일자에 실린 '황인종과 백인종의 대결'이라는 제목의 기사예요. 러일 전쟁을 풍자하는 그림이지요. 링 안의 키가 큰 서양 남자는 러시아를 상징하고, 맞은편의 작은 남자는 일본을 상징해요. 링 바닥에는 동아시아 지도가 그려져 있어요. 링 밖에서는 서구 열강들이 이들의 싸움을 지켜보고 있지요. 또 경기장 담에서 몰래 내려다보는 사람은 중국을 나타내요. 러일 전쟁은 분명 다윗과 골리앗의 싸움이었어요. 풍자화에서 보듯 자본력과 군사력이 월등히 앞선 러시아의 승리가 예견되는 싸움이었지요. 하지만 영국과 미국이 일본에 전쟁 자금을 대주면서 결국 일본이 전쟁에서 승리했어요.

사형수에게 사격 연습을 하다니!

러일 전쟁으로 우리나라에 주둔하던 일본군은 우리나라 농민 세 명에게 러시아 스파이라는 죄목을 씌워 사형을 결정했어요. 그런데 사형을 집행하는 과정이 흡사 사격 연습을 하는 것처럼 거리를 늘리거나 좁혀 가며 조준하게 하고, 총상으로 죽은 농민의 어느 부위를 맞혔는지 확인까지 했다고 해요.

1904년 12월 18일자 프랑스 화보 신문《르 프티 파리지앵》에는 이 사건을 다룬 '사형수를 대상으로 한 사격 연습' 그림이 실려 있어요. 기사에는 "더 이상 사형 집행이라 할 수 없었다. 그것은 이미 사격 경기로 변해 있었다."고 씌어 있어요.

《르 프티 파리지앵》에 실린 '사형수를 대상으로 한 사격 연습' 기사.

이와 관련한 내용이 1904년 9월 21일자 《대한매일신보》에도 실렸어요. 그 기사의 내용을 보면 사형당한 이들은 1904년 9월 21일 경의선 부설 작업을 지연시키려다 일본군에게 붙잡혀 총살당했다고 해요.

대한 제국 황제의 집에 초대된 루스벨트 양

프랑스 화보 신문 《르 프티 파리지앵》의 1905년 10월 8일자 기사에 미국 대통령 시어도어 루스벨트의 딸인 엘리스 루스벨트 양이 대한 제국 황제의 집에 초대되었다는 보도가 실렸어요. 식사 자리에는 황태자(순종)와 다른 왕자들, 대신 및 장군들도 함께하였지요. 우리나라의 오랜 관습에 비춰 보았을 때 다른 나라 대통령의 자제를 왕실에 초대하고, 고종의 알현을 허락하는 일은 상상조차 할 수 없었지요. 대한 제국으로서도, 외국인의 눈에도 정말 진귀한 장면이라고 할 수 있어요.

우리나라를 방문한 미국 대통령 루스벨트의 딸의 모습이 실린 《르 프티 파리지앵》 기사.

UNE SÉANCE PLENIÈRE DE LA CONFÉRENCE DE LA PAIX A LA HAYE

평화를 염원하는 각국 특사가 한데 모인 자리인 만큼 격식을 차린 옷차림이 눈에 띄어. 누군가 사진을 찍는다고 카메라를 들었는지 원형 탁자에 둘러앉아 있는 사람들까지 뒤돌아서 모두 카메라를 바라보고 있네.
자, 김치~ 아니, 치즈!

만국 평화 회의의 참석자들

– 프랑스 주간지 《릴뤼스트라시옹》 기사

만국 평화 회의가 열린 국제 회의장 모습인가 봐.
사진 아래에는 인물들에 숫자를 표기하고
어느 나라에서 온 누구인지 명단을 적어 놓았어.
러시아, 일본이 압도적으로 많아.

　1907년 8월 10일 프랑스 주간지 《릴뤼스트라시옹》에 실린 제2회 만국 평화 회의 회의장 모습이에요. 1899년과 1907년에 네덜란드 헤이그에서 두 차례 국제회의가 열렸어요. 러시아 황제 니콜라이 2세의 발의로 평화를 위한 방법을 모색하기 위해 열린 평화 회의였어요. 이 회의는 '만국 평화 회의' 또는 '헤이그 평화 회의'라고 불리지요. 1899년 5월 18일부터 7월 29일에 열린 제1회 회의는 유럽의 제국, 청나라, 일본, 멕시코, 미국 등 26개국이 참가했고, 1907년 6월 15일부터 10월 18일까지 열린 제2회 회의는 남아메리카 나라 등이 추가된 44개국이 참가했어요. 우리나라는 제2회 만국 평화 회의에 이위종, 이준, 이상설 세 명의 특사를 파견했지요. 우리나라 특사는 을사늑약이 대한 제국 황제의 뜻에 반하여 일본 제국의 강압으로 이루어진 불평등 조약임을 알리고 을사늑약을 파기하고자 했어요. 하지만 대한 제국의 특사는 일본의 방해로 회의장에 들어갈 수 없었고, 회의에 참석한 나라들은 힘없는 우리나라의 말에는 아무도 귀 기울여 주지 않았어요.

고종 황제의 폐위

《더 일러스트레이티드 런던 뉴스》에 실린 '경운궁 돈덕전에 있는 퇴위한 황제와 계승자' 기사.

1907년 7월 27일자 영국 《더 일러스트레이티드 런던 뉴스》에 '경운궁 돈덕전에 있는 퇴위한 황제와 계승자'라는 제목으로 실린 기사예요. 일본은 만국 평화 회의에 특사를 파견한 책임을 물어 7월 19일에 고종을 강제 폐위시켰어요. 중앙 창문에 흰옷을 입고 서 있는 두 사람 중 가운데에서 난간에 손을 얹고 있는 사람이 퇴위한 황제 고종이고, 그 옆에 서 있는 사람이 새로운 황제 순종이에요. 바로 왼쪽 창문 앞에는 어린 황태자 영친왕이 양옆으로 내시를 두고 서 있어요. 고종 황제의 퇴위로 우리나라는 일본의 손에 완전히 넘어가게 되었지요.

강압적으로 체결된 을사늑약

1905년 러일 전쟁이 끝나고 일본은 이토 히로부미를 대한 제국으로 보냈어요. 이토 히로부미는 일본 왕이 쓴 문서를 고종에게 내밀었지요. 이 문서는 대한 제국의 외교권을 일본에게 넘기고, 대한 제국이 일본의 보호국이 되어야 한다는 내용이었어요. 당연히 고종은 이를 거부했지요. 하지만 이에 동조했던 다섯 명의 대한 제국 대신들을 앞세워 고종의 허가 없이 조

왼쪽부터 을사오적이라 불리는 이완용, 이근택, 이지용, 박제순, 권중현.

약을 체결해 버렸어요. 이 조약이 바로 '을사늑약'이에요. 그리고 체결에 가담한 이완용, 박제순, 이지용, 이근택, 권중현을 '을사오적'이라고 부르지요. 을사늑약은 '한일협상조약', '제2차한일협약', '을사 5조약'이라고도 해요. 하지만 고종 황제의 동의나 도장 없이 체결되었기 때문에 국제법상으로도 명백히 무효인 조약으로 '억지로 하다'라는 의미의 '늑(勒)'자를 쓴 '을사늑약'이라고 부르지요.

식민 통치 준비 기구, 통감부

남산에 있던 조선 통감 관저.

1906년 2월 1일에 조선 통감부가 설치되었어요. "정치, 군사와 관련된 모든 일을 통솔하는 통감을 둔다."는 을사늑약 3조에 따라 통감부가 만들어졌지요. 첫 번째 통감으로 이토 히로부미가 취임했어요. 을사늑약 체결 이후 통감부는 대한 제국의 군대를 해산시키고, 경찰권과 사법권도 차례로 빼앗았어요. 조선 통감부는 이후 조선 총독부로 이름을 바꿔 1910년부터 1939년까지 우리나라를 지배하는 최고 행정 관청이었고, 통감부 건물은 1939년에서 1945년에는 역대 통감과 총독의 업적을 기리는 기념관이었어요. 1945년 이후에는 국립 민족 박물관, 국립 박물관 남산 분관, 연합 참모 본부 청사 등으로 사용되다가 철거되었어요.

Supplément illustré du Petit Journal

무너지는 나라를 위해 기꺼이 몸을 내던진 군인들의 저항을 '폭동'이라고 표현하다니, 정말 너무하는군! 아, 진짜 분통이 터진다! 기사 제목을 '일제에 의해 군대가 강제 해산된 날'로 바꾸고 싶어.

수도의 폭동을 진압하는 일본군
-프랑스 일간지 《르 프티 주르날》 기사

"군인으로서 나라를 지키지 못하고
신하로서 충성을 다하지 못하였으니,
만 번 죽은들 무엇이 아깝겠는가."
-대한 제국 정규군인 시위 제1연대 제1대대장 박승환 참령의 유언

 1907년 7월 24일 밤, 총리대신 이완용은 이토 히로부미의 통감 사저에서 정미 7조약(한일 신협약)에 서명해요. 이 조약은 '대한 제국은 중요한 정책을 시행하거나 관리를 임명할 때 일본의 승인을 거쳐야 한다. 행정이나 사법 분야의 관리를 임명할 때 조선 통감의 동의를 받아야 한다. 경찰권을 일본에 넘기고, 군대도 해산한다.' 등의 내용이 담겨 있었어요. 이에 따라 일본은 8월 1일 대한 제국의 군대를 강제 해산시키지요. 하지만 7월 31일 군대 해산 칙령(임금이 내린 명령)이 순종 황제의 명의로 내려지자, 이에 격분한 대한 제국 군대는 무기를 탈취해 남대문에 있는 대한 제국군 병영에서 일본군과 교전을 벌였어요. 1907년 8월 4일자 프랑스 일간지 《르 프티 주르날》에는 그날의 치열했던 시가전이 고스란히 그려져 있지요. 시위대는 초반의 기세를 끝까지 이어 가지 못하고 총검으로 무장한 일본군에 밀려 결국 패배하고 말았어요. 이때 탈출에 성공한 병사들은 이후 항일 의병이 되어 항일 운동을 이어 나갔어요.

치열하고 처참했던 그날의 모습

프랑스 주간지 《릴뤼스트라시옹》 기사.

왼쪽은 1907년 9월 7일자 프랑스 주간지 《릴뤼스트라시옹》에 실린 기사예요. 반란을 일으킨 대한 제국군의 부모와 친지들이 동문 밖에서 가족의 시신을 찾는 모습(위쪽 큰 사진), 반란을 일으킨 대한 제국군의 병영을 공격하는 일본군(왼쪽 아래 사진), 반란 후 일본군에게 잡힌 대한 제국 군인들(오른쪽 아래 사진)의 모습이 실려 있어요.

조선의 마지막 왕, 순종

고종과 명성 황후 사이에서 태어난 순종은 1875년(고종 12년) 2월 세자에 책봉되었다가 1897년 대한 제국이 성립된 후 다시 황태자에 책봉돼요. 헤이그 특사 사건으로 1907년 고종이 폐위되자 그 뒤를 이어 순종이 즉위하였지요. 《순종실록》에 의하면 1907년(광무 11년) 7월 18일 고종은 국사를 황태자에게 대리하게 한다는 조서(임금의 명령을 일반에게 알릴 목적으로 적은 문서)를 내렸어요. 그리고 이튿날 황태자의 대리청정(왕이 병이 들거나 나이가 들어 정사를 제대로 돌볼 수 없게 되었을 때에 세자나 세제가 왕 대신 정사를 돌봄. 또는 그런 일) 진하식(나라에 경사가 있을 때에 벼슬아치들이 조정에 모여 임금에게 축하를 올리는 예식)에 황태자는 참석하지 않고 의식만 거행하는 권정례로 치러졌지요. 7월 20일에는 고종 황제의 양위식(임금의 자리를 물려주는 의식)이 일제에 의해 거행되었어요. 덕수궁 중화전에서 양위식이 거행되었지만 고종과 순종은 참석을 끝내 거부했어요. 하지만 일제는 양위를 공

고종 황제의 초상화를 그린 드 라 네지에르가 그려 《르 몽드 일뤼스트레》에 실린 순종 황제의 초상화.

식적으로 선포했지요. 그 후 순종 황제의 즉위식은 8월 27일에 거행되었고, 같은 해 순종이 한일 신협약을 체결하면서 사실상 대한 제국은 일제의 손에 넘어갔지요. 그리고 1909년 7월, 기유각서로 사법권과 교도 행정권이 박탈됐고, 1910년 6월 경찰권을 박탈당한 대한 제국은 1910년 8월 29일 한일 병합 조약이 체결되면서 완전히 멸망하게 되지요.

순종의 장례식

1926년 7월 11일 《순례자》에 실린 순종의 장례식 장면.

일본은 대한 제국의 모든 것을 빼앗고 순종을 '이왕(李王)'이라고 부르며 창덕궁에 머물게 했어요. 순종은 1926년 4월 25일 나라를 잃은 채 창덕궁에서 쓸쓸히 생을 마쳤어요. 1926년 7월 11일 프랑스 주간지 《순례자》에 순종의 장례식 장면이 실렸어요. 검은색 천으로 휘장을 두른 상여와 흰색 상복을 입은 상여꾼들의 장례 행렬을 보며 슬픔에 잠긴 사람들의 모습이 보여요. 나라도 잃고, 황제도 잃은 백성들의 비통함이 전해지는 듯해요.

세계의 황제

1910년 8월 20일자 영국 주간지 《더 일러스트레이티드 런던 뉴스》에 실린 기사예요. 이 기사에서는 세계 왕들의 초상화를 실어 소개하고 있어요. 초상 뒤의 원형엔 각 나라의 왕이 지배하는 나라의 인구와 면적 등을 비교해 놓았지요. 비교한 크기대로 초상의 크기를 그려 넣은 점이 재미있어요. 이 당시 전 세계적으로 왕이 있는 나라가 별로 없었지요. 우리나라의 순종 황제도 작은 크기로 신문에 실렸어요.

《더 일러스트레이티드 런던 뉴스》에 실린 '세계의 왕들' 기사.

순종

총으로 이토 암살

-이탈리아 주간지 《라 트리부나 일루스트라타》 표지 기사

탕! 탕탕!
휘장을 두른 할아버지가 총에 맞았다고?
뒤에 총을 든 남자가 보여.
도대체 무슨 일이 일어난 거야?

　1909년 10월 26일, 안중근 의사가 우리나라 식민지화에 앞장섰던 이토 히로부미를 만주 하얼빈역에서 총으로 쏘아 죽이고 현장에서 체포된 사건이에요. 이토 히로부미는 을사늑약 체결을 강요하고, 을사오적을 중심으로 한 친일 내각을 구성한 중심 인물이며, 조선 통감부 초대 통감 자리에 앉아 고종 황제를 퇴위시키는 등 우리나라를 일본의 식민지로 만드는 데 주도적인 역할을 했어요. 독립운동가였던 안중근은 중국과 우리나라를 오가며 의병 활동을 하고 구국 투쟁을 벌였어요. 그러던 중 러시아 재무상 코코프체프와 만나기 위해 만주를 방문한 이토 히로부미를 사살하고, 하얼빈 총영사와 궁내대신 비서관 등 일본 주요 인물에게 중상을 입히고 러시아 경찰에게 체포되었지요. 그 후 일본 감옥에 수감된 안중근은 이듬해 3월 26일 사형을 당했어요.

코레아 우라! 대한 만세!

어려서부터 말 타기와 사냥에 재주가 있었던 안중근은 1904년 을사늑약이 체결되는 것을 보고 학교를 세워 아이들을 가르치는 데 힘썼어요. 그러다 일제에 의해 나라가 기울자 1907년 연해주로 가서 의병 운동에 참가했지요. 1909년에는 동지 11명과 죽음으로써 구국 투쟁을 벌일 것을 손가락을 끊어 맹세하고, 동인단지회를 결성했어요. 그리고 그해 10월, 조선 침략의 원흉인 이토 히로부미가 만주 하얼빈에 온다는 소식을 듣고 10월 26일 일본인으로 가장해 하얼빈역에서 기다리고 있다가 러시아군의 군례를 받는 이토 히로부미를 사살하고 러시아 경찰에게 체포되었어요. 이때 이토 히로부미를 수행하던 비서관과 하얼빈 총영사, 만주 철도 이사 등 일본인 관리들도 총탄에 맞아 중경상을 입었어요. 또 러시아군에게 체포될 때는 러시아 말로 "코레아 우라(대한 만세)!"를 외쳤어요.

일본 관헌에 넘겨진 안중근은 뤼순의 일본 감옥에 수감되었고, 이듬해 2월 14일 재판에서 사형이 선고되었어요. 죽음을 며칠 앞두고 안중근은 안정근, 안공근 두 동생에게 "내가 죽거든 시체는 우리나라가 독립하기 전에는 반장(객지에서 죽은 사람을 그가 살던 곳이나 그의 고향으로 옮겨서 장사를 지내는 일)하지 말라. 대한 독립의 소리가 천국에 들려오면 나는 마땅히 춤을 추며 만세를 부를 것이다."라고 유언하였어요. 그리고 3월 26일 형이 집행되었지요.

이름표에 '안응칠'이라는 안중근 의사의 아명이 선명하게 보이는 사진.

굳세어라, 의병 항쟁!

'의병'이란 나라가 외적의 침입을 받아 위급할 때 백성이 외적에 대항하기 위해 스스로 만든 부대를 말해요. 우리나라는 명성 황후 시해 사건인 을미사변 이후, 1910년 국권 피탈(일제가 강제적으로 우리나라의 통치권을 빼앗고 식민지로 삼은 일) 전후에 의병 운동이 많이 일어났어요. 조선 말기 일제 침략 과정에서 일어난 의병 투쟁은 세 시기로 나눌 수 있어요.

- **을미의병**(1895년): 1895년 명성 황후가 시해되고, 뒤이어 왕후 폐위 조칙이 발표되자 양반 유학자를 중심으로 의병이 일어났어요. 이들은 나라의 역적을 처벌하자는 내용의 상소문을 올리고, 의병을 조직하고 훈련하기 위한 '창의소'를 설치했지요. 이런 와중에 친일 정권이 세워지고, 을미개혁으로 단발령(상투 풍속을 없애고 머리를 짧게 깎도록 한 명령)이 시행되자 유생들과 일반 백성 사이에 반일·반정부 기운이 더욱 확산되었어요. 전국 각지에서 일어난 의병 운동은 친일 정부를 긴장시켰지만 관군의 공격을 받고 흩어지고 말았어요.

- **을사의병**(1905년): 1905년 강제로 체결된 을사늑약으로 일제가 대한 제국의 외교권을 빼앗아 가자 이를 회복하기 위하여 양반 유생과 민중이 의병을 일으켰어요. 대표적인 의병장은 충청도의 민종식, 전라도의 최익현 등이에요. 경상도 울진, 평해, 영덕에서는 최초로 평민으로서 의병장이 된 신돌석이 활약했어요.

- **정미의병**(1907년): 고종 황제가 퇴위되고, 군대마저 해산시키자 이에 분노한 대한 제국군은 의병에 참여하기로 했어요. 의병장 이인영을 주축으로 13도 창의군이라는 의병 연합 부대가 만들어졌어요. 이들은 같은 날, 같은 시각에 경성으로 쳐들어가 일제를 몰아낼 작전을 세웠어요. 그리고 1908년 1월, 300명의 선발대가 동대문 밖 30리 지점까지 이르렀으나 일본군의 선제 공격을 받고 실패했지요. 이 작전의 실패로 의병들은 뿔뿔이 흩어졌지만 훗날 무장 독립군으로 그 명맥을 이어 갔어요.

총을 들고 일제에 맞서는 이름 모를 의병들.

궁 밖에 서 있는 천황의 군인들

-영국 주간지 《더 일러스트레이티드 런던 뉴스》 기사

**본지 특파원에 따르면
철도, 도로, 관개 건설 공사가 마구잡이로 이루어지고 있다고 한다.
일본인 감독관과 인부들은 여기저기 땅을 파고 헤집고 있다.
반면 조선인들은 그늘에 앉아서 담배를 피우고 있다.**

　통감부를 설치하여 대한 제국에 대한 보호 정치를 시행하던 일제는 1910년, 이름만 유지하고 있던 대한 제국의 국가 체제를 강제로 해체하고 통치권을 빼앗아 한반도를 일본의 영토로 편입시키며 식민지로 삼았어요. 1910년 8월 29일 조선 왕조는 27대 왕을 마지막으로 519년 만에 망하고 일본의 지배 하에 들어가게 되었지요. 1910년 9월 17일자 영국 주간지 《더 일러스트레이티드 런던 뉴스》에는 새로운 영토, 조선을 경비하는 일본에 관한 기사가 실렸어요. 기사는 대한 제국이 일본의 속국이라는 것을 입증하는 사례는 많이 찾을 수 있다며, 퇴위한 황제가 머무는 궁 밖에 천황의 군인들이 서서 지키고 있는 것과 철도, 도로, 관개 건설 공사가 이루어지는 것 등을 대표적인 사례로 꼽았어요. 또 일제는 종래의 통감부를 폐지하고 이보다 강력한 통치 기구인 '조선 총독부'를 설치했지요.

일본에 간 대한 제국 황태자

고종은 명성 황후를 비롯해 일곱 명의 부인에게서 6남 1녀를 얻었어요. 명성 황후 민씨가 순종을 낳았고, 귀비 엄씨가 영친왕을, 귀인 이씨가 완화군 등 2남을, 귀인 장씨가 의왕을, 귀인 정씨가 1남을, 귀인 양씨가 덕혜옹주를 낳았지요.

1907년 황태자에 책봉된 영친왕은 그해 12월 유학이라는 이름으로 일본에 인질로 잡혀가게 되었어요. 프랑스 주간지 《릴뤼스트라시옹》 1908년 2월 29일자에 실린 이 사진은 일본으로 출발하기 전날 경성에서 찍은 사진이에요. 대한 제국의 어린 황태자는 혼자 앉아 있고, 수많은 훈장을 달고 있는 후견인 이토가 황태자 곁에 서 있어요. 이토 통감 뒤로는 전 파리 주재 일본 공사이자 대한 제국 부통감인 소네 자작이 자리 잡고 있어요.

앞줄 왼쪽부터 이토 통감, 대한 제국의 황태자(영친왕).

포로가 되어 버린 엄황귀비

엄황귀비가 일본 총독의 부인과 함께 있는 사진을 실은 《더 일러스트레이티드 런던 뉴스》 기사.

1910년 11월 12일자 영국 주간지 《더 일러스트레이티드 런던 뉴스》 기사에는 엄황귀비가 일본 총독의 부인과 함께 있는 사진을 실었어요. 명성 황후가 죽고, 귀비 엄씨의 아들 영친왕이 황태자가 되자 엄씨는 황귀비가 되었지요. 기사는 "한일 병합 이후 조선의 모든 황족이 없어지고, 엄황귀비와 황태자는 궁의 작은 부분을 차지하고 있을 뿐"이라고 전하고 있어요.

엄황귀비의 장례

엄황귀비는 한일 병합 조약이 맺어진 이듬해인 1911년 7월 20일에 덕수궁 즉조당에서 58세에 갑자기 세상을 떠났어요. 일본 측이 내세운 사인은 장티푸스였으나, 전하는 이야기로는 일본에 있는 열네 살의 영친왕이 고된 군사 훈련을 받으며 주먹밥을 먹는 활동사진을 보다가 감정이 북받쳐 숨을 거두었다고 해요. 영국 주간지 《더 일러스트레이티드 런던 뉴스》 1911년 12월 16일자 기사는 엄황귀비의 장례식 모습을 전하고 있어요. 삼베로 된 상복을 입고 가마를 타고 가는 사람은 상주로 엄황귀비의 아들이자 대한 제국의 전 황태자인 영친왕이에요.

상복을 입은 120명의 상여꾼들, 종을 들고 있는 앞소리꾼, 엄비의 시신을 실은 상여가 지나가고 있어요. 상여 앞에 종이로 만든 말은 죽은 사람의 영혼이 타고 가도록 만들어졌어요.

엄황귀비의 장례식 모습을 전하는 《더 일러스트레이티드 런던 뉴스》 기사에 실린 여러 장의 사진.

황제의 그림 같은 장례식

-영국 주간지 《더 일러스트레이티드 런던 뉴스》 기사

아이고, 아이고!
비통하고 원통하도다.
대한 제국 고종 황제의 마지막 가는 길
슬픔에 잠긴 장례 행렬이 끝없이 이어지네.

　1919년 6월 8일자 이탈리아 주간지 《라 도메니카 델 코리에레》 1면에 실린 기사는 고종의 장례일(인산일)인 3월 3일의 모습이에요. 고종은 1919년 1월 21일 새벽 덕수궁 함녕전에서 이완용이 궁의 나인을 시켜 올린 식혜를 마신 후 배의 통증을 호소하다 세상을 떠났어요. 고종의 국장은 조선 총독부가 임시로 설치한 장의괘가 주도하면서 조선 왕실의 국장에 비해 축소된 데다 일본식으로 변형되었지요. 장례 행렬은 덕수궁 함녕전을 떠나 금곡 홍릉에 이를 때까지 비통한 분위기 속에서 계속되었는데, 기사의 그림은 죽은 자가 하늘나라로 타고 갈 커다란 종이 말을 상여 앞에 세우고 가는 장례 행렬을 묘사해 놓았어요. 고종이 갑작스럽게 승하하자, 나라를 잃고 일제의 식민 통치에 억눌려 있던 민중들의 분노는 극에 달했어요. 고종의 장례일을 앞두고 독립운동가와 민족 대표 33인, 학생들이 주축이 되어 3월 1일 독립 만세 운동이 일어났지요.

대한 제국 황제의 장례

왕의 장례를 '국장'이라고 해요. 국장은 많은 돈과 인력을 필요로 하는 국가사업이지요. 조선 전기에는 국가의 기본 예식을 규정한 《국조오례의》에 따라 왕이 승하(임금이나 존귀한 사람이 세상을 떠남을 높여 이르던 말)한 후 5개월 후에 장사를 지냈어요. 조선 후기로 갈수록 백성들의 편의를 위해 3개월로 축소되었지요. 이 기간 동안 왕세자와 신하들은 장례의 규모, 장례 행렬의 이동, 능을 둘 곳, 능의 규모 등의 장례 절차를 논의했어요. 또 상을 치른 후 3년 동안 신하들은 상복을 입고 지내야 했지요. 그런데 고종의 장례식은 고종이 승하한 지 약 40일 후에 치러졌어요. 장례 준비 절차와 규모도 조선 왕실의 국장에 비해 축소되었고, 일본 군인이 장례 행렬 주위에 배치되고 거리에는 일장기가 걸리는 등 일본의 국장 의식이 적용되었어요.

왼쪽 사진은 1919년 5월 17일자 영국 주간지 《더 일러스트레이티드 런던 뉴스》에 실린 고종의 장례 행렬 모습 중 한 장면이에요. 행렬과 함께 이동하는 커다란 나무가 눈에 띄어요. 이 또한 비쭈기나무(일본을 상징하는 신목) 가지에 베나 종이를 달아서 신전에 바치는 일본식 예식을 따른 거예요.

일본식 예식이 적용된 고종의 장례 행렬 모습이 실린 《더 일러스트레이티드 런던 뉴스》 기사.

하늘로 편히 가시오

조선 전기에 왕이나 왕비, 높은 신분을 가진 귀인의 장례식 때는 안장을 올린 죽안마와 안장이 없는 죽산마를 같이 순장시켰어요. 이 풍습은 곧 사라졌지만 장례식 때는 대나무를 엮어 종이로 붙여 만든 말을 상여 앞에 두고 행진을 했어요. 말은 높은 신분을 상징하기도 하고, 말을 타고 머나먼 하늘에 편히 가길 바라는 마음에서 장례식에 쓰였어요. 이때 쓰인 종이 말은 불로 태워 훨훨 날려 보내요. 오른쪽 사진은 1919년 5월 17일자 영국 주간지 《더

종이 말을 상여 앞에 세운 고종의 장례 행렬 모습이 실린 《더 일러스트레이티드 런던 뉴스》 기사.

일러스트레이티드 런던 뉴스》에 실린 고종의 장례 행렬 모습 중 또다른 한 장면이에요. 사람 크기보다 훨씬 큰 종이 말이 장례 행렬을 이끌고 있어요.

대한 독립 만세! 3·1 운동

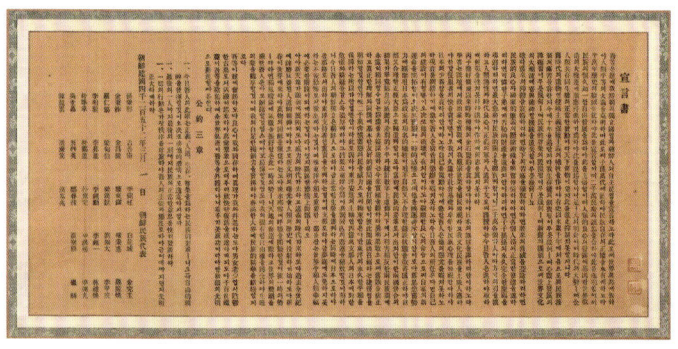

〈3·1 독립 선언서〉.

나라를 잃은 슬픔에 잠겨 있던 민중들의 분노는 고종의 죽음으로 극에 달했지요. 3월 3일 고종의 인산일(조선 시대, 태상왕과 그 비, 왕과 왕비, 왕세자와 그 빈, 왕세손과 그 빈의 장례일)을 앞두고 조선의 백성들은 청년을 중심으로 탑골 공원에서 3월 1일에 독립 만세 운동을 일으켰어요. 학생들은 이른 새벽에 독립 선언서를 배포하였고, 정오 무렵 학교를 빠져나와 탑골 공원에 모였지요. 한편 손병희, 한용운, 최린 등의 민족 대표 33인은 2시에 태화관에 모여 독립 선언식을 갖고 경찰에 그 소식을 알렸어요. 민족 대표들은 곧 체포되었지요. 같은 시각 수천 명이 모인 탑골 공원에서는 독립 선언서가 낭독되고 이들은 만세를 부르며 시가행진을 시작했어요.

 3·1 운동은 우리나라 전국에서 동시에 일어난 만세 시위였어요. 서울뿐만 아니라 평양, 진남포, 안주(평남), 선천·의주(평북)· 원산(함남) 등 여섯 개 도시에서도 종교인과 노동자들이 참여한 만세 시위가 일어났지요. 이후 만세 운동은 주변 지역으로 확산되어 나갔어요. 도시에서부터 농촌까지 학생, 청년, 노동자, 농민, 여성 등이 자발적으로 외친 민주주의와 평화의 염원을 담은 만세 소리가 전국에 가득 찼어요.

 ## 우리나라를 도운 외국인들!

18세기 후반부터 조선에는 선교사가 많이 들어왔어요. 그들은 종교적 박해에도 우리나라를 위해 헌신하며 선교 활동을 이어 갔지요. 몸이 아파도 의원에 가지 못하는 사람들을 치료하고, 가난하여 배우지 못하는 사람들을 위해 학교를 세웠어요. 또 끊임없는 전쟁과 일제의 탄압에 우리나라 사람들과 함께 분노하며 독립운동가를 돕거나 해외에 우리나라의 상황을 알리기 위해 노력했지요.

조선인의 더 나은 삶을 위해 노력한 '스크랜턴 부부'

미국인 선교사 윌리엄 스크랜턴은 뉴욕에서 의과 대학을 마치고 오하이오에서 2년 동안 병원을 경영하다가 1885년 의료 선교사로 우리나라에 왔어요. 이후 잠시 일본에서 우리나라 말을 배워 그해 5월 다시 우리나라에 왔어요. 스크랜턴은 1년 만에 병원 건물을 완성했고, 이에 고종이 '시병원'이라는 이름을 지어 주었지요.

이화 학당.

스크랜턴의 부인 메리 F. 스크랜턴은 최초의 사립 여성 교육 기관인 '이화 학당'을 세워 우리나라 여성들이 존엄성을 회복하고, 더 나은 삶을 살 수 있도록 도왔어요. 스크랜턴은 그 뒤 감리교 선교부의 간부로 성서 번역에 힘쓰다가 일본으로 건너가 1922년에 죽음을 맞이했어요.

평생 우리나라의 자주독립을 외친 '헐버트'

1863년 미국에서 태어난 헐버트는 1886년 조선 소학교 교사로 초청을 받아 육영공원(미국인 교사를 초빙하여 수학·지리학·외국어·정치 경제학 등을 가르친 1886년에 나라에서 세운 최초의 현대식 학교)에서 외국어를 가르쳤어요. 그러다 1905년 을사늑약 후 우리나라의 자주독립을 주장하며 고종의 밀서를 들고 미국에 돌아가 국무 장관과 대통령을 면담하려 했으나 실패했어요. 또 일본의 야만적 탄압 행위를 폭로하고, 고종에게 헤이그 밀사 파견을 건의했지요. 실제로 헐버트는 우리나라 대표단보다 헤이그에 먼저 도착하여 회의시보에 우리나라 대표단의 호소문을 싣게 했어요. 헐버트는 미국에 돌아간 뒤에도 우리나라에 관한 글을 꾸준히 썼고, 1919년 3·1 운동을 지지하는 글을 서재필이 주관하는 잡지에 발표하기도 했어요. 평생을 우리나라의 국권 회복을 위한 노력을 아끼지 않았던 헐버트는 1949년에 국빈으로 초대받아 우리나라를 방문했다가 병으로 죽음을 맞아 양화진 외국인 묘지에 묻혔어요. 1950년에 외국인 최초로 건국 훈장 독립장이 추서되었지요.

3·1 운동을 해외에 최초로 전한 '앨버트 테일러'

앨버트 테일러.

미국에서 가장 오래된 통신사인 미국연합통신(AP)의 특파원이었던 앨버트 테일러는 1910년부터 경성에 거주하며 일제 강점기에 기자로 활동했어요. 1919년 3·1 독립 선언과 제암리 학살 사건(3·1 운동에 대한 일제의 보복 행위로, 1919년 4월 일본군이 경기도 화성시 향남면 제암리에서 주민을 집단으로 학살하여 민간인 20여 명이 죽고 민가 30여 호가 불에 탄 사건) 등을 해외에 알려 일제의 만행이 드러나게 했어요. 특히 세브란스 병원 침상에서 발견한 3·1 독립 선언서를 일제의 눈을 피해 갓 태어난 아들의 침대 밑에 숨겨 두었다가 외신을 통해 전 세계에 알렸고, 이를 계기로 우리나라의 항일 독립운동을 돕다 6개월간 서대문 형무소에서 수감 생활을 하기도 했지요. 그 후 미국으로 추방된 앨버트 테일러는 1948년 미국에서 눈을 감았어요.

물심양면으로 독립운동을 지원한 '조지 루이스 쇼'

조지 루이스 쇼.

아일랜드 출신의 영국인 조지 루이스 쇼는 1880년 중국에서 태어났어요. 영국인 아버지와 일본인 어머니를 둔 쇼는 중국에서 무역업을 하는 아버지의 사업이 어려워지자, 20대 초반인 1900년경에 우리나라에 들어와 금광에서 회계사로 근무했지요. 그러나 광산의 광맥이 끊어지면서 1907년경 중국으로 돌아가 무역 회사 겸 선박 대리점인 이륭양행을 설립했어요. 이때 우리나라의 독립운동가들과 접촉하게 된 쇼는 이륭양행 안에 대한민국 임시 정부의 교통 사무국을 설치하고, 자신의 배로 우리나라 독립운동가들의 무기, 자금, 출판물 등을 운송해 주었어요. 우리나라와 중국 상하이를 오고갔던 독립운동가 중 이륭양행의 선박을 이용하지 않은 사람이 거의 없을 정도였다고 해요. 1920년 7월 이를 알아챈 일제가 쇼를 체포했고, 4개월간 옥고를 치렀어요. 그러나 쇼는 보석으로 석방된 후에도 변함없이 우리나라의 독립운동을 지원했어요. 1963년에 건국 훈장 독립장이 추서되었답니다.

사진 출처

- 17쪽   앙부일구: 국립 고궁 박물관
- 20쪽   〈석전놀이〉: 덴마크 코펜하겐 국립 박물관
- 25쪽   〈백천교〉: 국립 중앙 박물관
- 32쪽   프란츠 에케르트: 위키 퍼블릭
- 57쪽   고종이 데니에게 하사한 것으로 알려진 태극기: 국립 중앙 박물관
- 60쪽   《한성순보》: 국립 한글 박물관
- 60쪽   《독립신문》: 위키 퍼블릭
- 61쪽   《황성신문》: 국립 한글 박물관
- 72쪽   흥선 대원군: 위키 퍼블릭
- 76쪽   《화성성역의궤》: 국립 중앙 박물관
- 77쪽   〈외규장각도〉: 국립 중앙 도서관
- 77쪽   〈영조왕세제책례반차도권〉: 국립 고궁 박물관
- 83쪽   면제갑옷: 국립 중앙 박물관
- 88쪽   〈조선통신사행렬도〉 일부: 국립 중앙 박물관
- 96쪽   복원된 현재의 주미대한제국공사관: APK, CC BY-SA 4.0
- 105쪽   경복궁 전경: 이상곤, CC BY-SA 4.0
- 110쪽   독도: contribs, CC BY-SA 3.
- 116쪽   경복궁 사정전의 〈일월오봉도〉: elle_rigby, CC BY 2.0
- 141쪽   〈3·1 독립 선언서〉: 문화재청
- 143쪽   앨버트 테일러: 위키 퍼블릭
- 143쪽   조지 루이스 쇼: 위키 퍼블릭

※ 별도로 출처를 표시하지 않은 모든 이미지의 저작권은 **아트인데코**에 있습니다.

부록

세계에 알려진 우리나라 기사 네 가지와 세계에 황당하게 알려진 우리나라 사건 네 가지를 부록으로 실었어. 본문에 나왔거나 나오지 않았더라도, 흥미롭고 희귀한 고해상도 기사 자료나 이미지를 학교 숙제나 수행 평가 자료로 활용할 수 있도록 잘라 쓸 수 있게 넣었지. 자르면 앞에는 이미지가 뒤에는 간단한 설명이 씌어 있어.

THE RICH LAND ANNEXED BY JAPAN: THE RESOURCES OF

"NOT A STONE WILL BE LEFT UNTURNED TO MAKE... THE WORLD

1. THE PRIMITIVE "CAGE" FOR CRIMINALS IN OLD KOREA: A PRISON IN SEOUL THAT IS NOW DISUSED.
2. OPEN-AIR JUSTICE IN OLD KOREA: IN THE LAW COURT THE JAPANESE HAVE ABOLISHED.
4. AN EXAMINATION, OLD STYLE: INTERROGATING A PRISONER IN AN OUT-OF-DATE KOREAN POLICE OFFICE.

KOREA, THE COLONY: AND ITS NEW MASTERS' INFLUENCE.

"FEEL THAT JAPAN'S RULE IN KOREA WILL BE A BENEFICIAL THING."

5. THE MODERN HYGIENIC BUILDINGS FOR CRIMINALS IN NEW KOREA: A PRISON ERECTED IN SEOUL BY THE JAPANESE. — 6. EDUCATION IN NEW KOREA: IN THE MOST UP-TO-DATE COMMON SCHOOL INSTITUTED BY JAPAN.

1910년 9월 3일 영국 주간지 《더 일러스트레이티드 런던 뉴스》
'일본이 병합한 풍요로운 땅 – 식민지 꼬레아의 자원과 일본의 영향력'이라는 제목의 기사

Sixième Année. — N° 288. Huit pages : CINQ centimes Dimanche 12 Août 1894.

Le Petit Parisien

TOUS LES JOURS
Le Petit Parisien
5 CENTIMES

SUPPLÉMENT LITTÉRAIRE ILLUSTRÉ
DIRECTION : 18, rue d'Enghien, PARIS

TOUS LES JEUDIS
SUPPLÉMENT LITTÉRAIRE
5 CENTIMES

LES ÉVÉNEMENTS DE CORÉE

TYPES DE FEMMES CORÉENNES — LE ROI DE CORÉE ET SES MANDARINS — TYPES DE SOLDATS CORÉENS

1894년 4월 12일 프랑스 화보 신문 《르 프티 파리지앵》
'꼬레아의 국가 행사'라는 제목의 표지 기사

January 25, 1906 — LESLIE'S WEEKLY

WOMEN WASHING CLOTHES IN A DITCH OUTSIDE OF THE CAPITAL OF KOREA.

A KOREAN WOMAN IN FULL STREET ATTIRE.

DANCING GIRLS EMPLOYED IN A KOREAN NOBLE'S HOUSE.

KOREAN LADY IN HER PALANQUIN, WITH A SLAVE GIRL WALKING BESIDE HER.

MOTHER AND DAUGHTER "IRONING" CLOTHES IN THE KOREAN FASHION.

SINGING GIRLS OF SEOUL, WITH THEIR MUSICAL INSTRUMENTS.

DEBASED WOMAN OF SEOUL, WITH HER TWO LITTLE SLAVES.

ORCHESTRA OF KOREANS, WITH CURIOUS INSTRUMENTS, READY TO PLAY FOR DANCING GIRLS.

PECULIAR PEOPLE OF THE QUAINT CAPITAL OF KOREA.
LAUNDRESSES WITH PRIMITIVE METHODS, SINGING AND DANCING GIRLS, MUSICIANS WITH STRANGE INSTRUMENTS, AND A GLIMPSE OF SLAVERY AT SEOUL.—*Photographs from Eleanor Franklin. See opposite page.*

1906년 1월 25일 미국 주간지 《레슬리스 위클리》
'꼬레아의 수도에 사는 사람들의 이색적인 모습'이라는 제목으로,
서울 외곽에서 빨래하는 여인들, 춤추고 노래하는 어린 기생, 이상한 악기와 악사,
노비의 모습 등이 실린 기사

A NEW STYLE FOR THE KING? "GEORGE V., EMPEROR OF THE BRITISH"?

THE WORLD'S EMPERORS; THE AREA OF THE LANDS THEY RULE; AND THE POPULATION OF THOSE LANDS—
FOR COMPARISON WITH THE AREA OF THE LANDS RULED BY KING GEORGE, AND THEIR POPULATION.

It is suggested that, when he is crowned next year, the King shall receive the title "Emperor of the British," that his Majesty's style shall be "Our Sovereign Lord George, by the wish of his Peoples Emperor of the British, and by the Grace of God of the United Kingdom of Great Britain and Ireland, and of the British Dominions beyond the Seas, King, Defender of the Faith, Emperor of India." In support of the idea, about which Mr. Chesterton has something to say in "Our Note-Book," it is pointed out that the area and population of the British Empire exceed those of any one of the nine Empires of the world, save for the fact that the population of China is greater than that of the British Empire by about seventeen millions. Our Illustration emphasises the fact. It may be noted that the ten-million population of Egypt is included neither in the figures we give for the British Empire nor in those given for the Ottoman Empire. Our figures are taken from the "Statesman's Year Book."

1910년 8월 20일 영국 주간지 《더 일러스트레이티드 런던 뉴스》
당시 세계의 왕을 소개하는 지면으로, 우리나라의 순종 황제가 실린 기사
(자세한 내용을 알고 싶다면 129쪽을 보세요!)

L'effet produit par la première automobile qui pénétra dans une ville coréenne

1909년 3월 7일 프랑스 일간지 《르 프티 주르날》
'조선에 처음 선보인 자동차가 초래한 결과'라는 제목의 기사
(자세한 내용을 알고 싶다면 26~28쪽을 보세요!)

Frank Leslie's Illustrated Newspaper

No. 1,462.—Vol. LVII.　　NEW YORK—FOR THE WEEK ENDING SEPTEMBER 29, 1883.　　[PRICE, 10 CENTS.

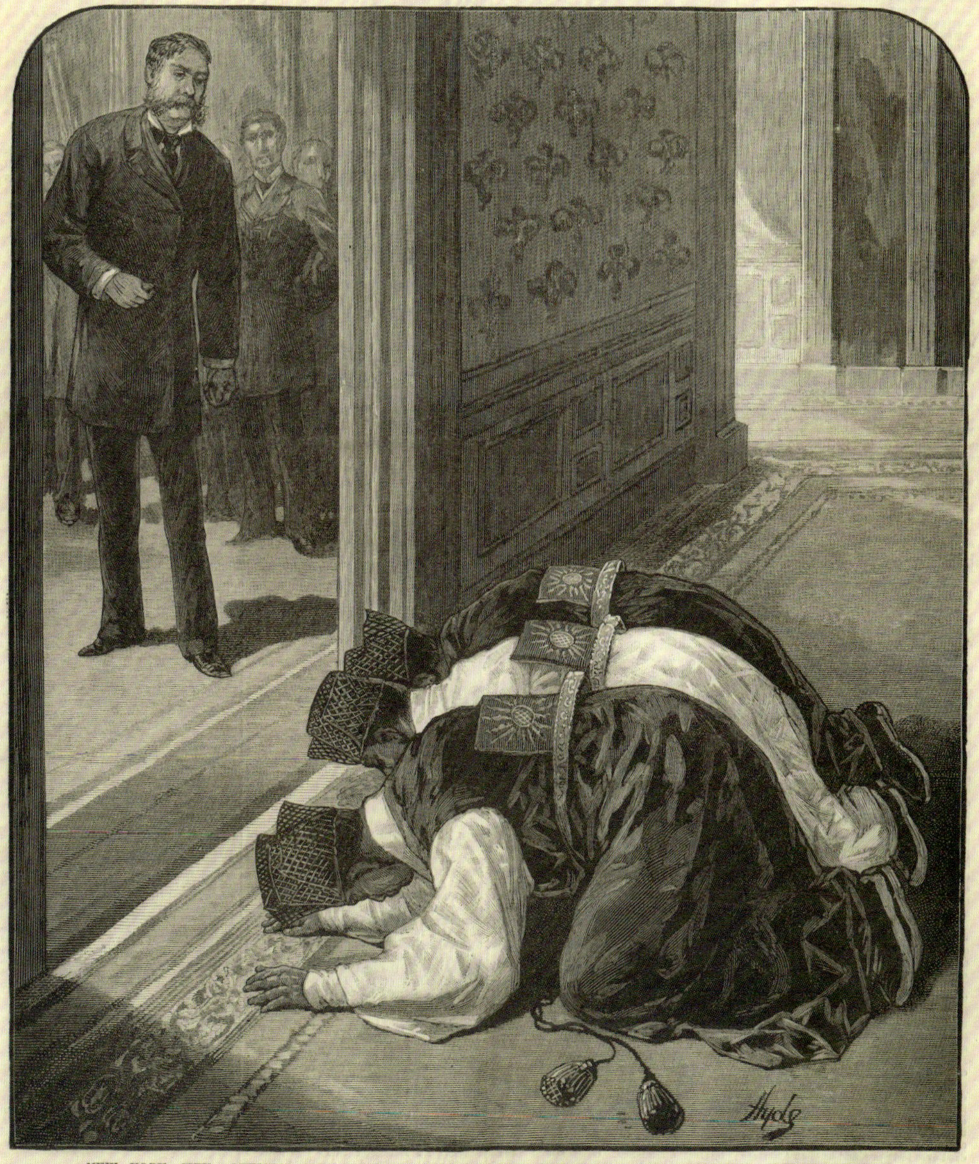

NEW YORK CITY.—OFFICIAL RECEPTION OF THE COREAN AMBASSADORS, BY PRESIDENT ARTHUR, AT THE FIFTH AVENUE HOTEL, SEPT. 18TH—THE SALAAM OF THE AMBASSADORS.
FROM A SKETCH BY A STAFF ARTIST.—SEE PAGE 86.

1883년 9월 29일 미국 주간지 《프랭크 레슬리의 일러스트레이티드 뉴스페이퍼》
'미국 아서 대통령을 만나는 꼬레아 대사'라는 제목의 표지 기사
(자세한 내용을 알고 싶다면 90~91쪽을 보세요!)

НИВА

ИЛЛЮСТРИРОВАННЫЙ ЖУРНАЛЪ ЛИТЕРАТУРЫ, ПОЛИТИКИ И СОВРЕМЕННОЙ ЖИЗНИ.

XXXVI г. № 10 1905 г. XXXVI

Выданъ 12 марта 1905 г.

Выходитъ еженедѣльно (52 № въ годъ), съ приложеніемъ 40 книгъ "Сборника", содерж. соч. М. Е. Салтыкова-Щедрина и А. К. Шеллера-Михайлова, 12 книгъ Литературныхъ и популярно-научныхъ приложеній, 12 №№ "Парижскихъ модъ" и 12 листовъ чертежей и выкроекъ.

Цѣна этого №—15 к., съ перес. 20 к.

Къ этому № прилагается: "Полнаго собранія сочиненій А. К. Шеллера-Михайлова" книга 25.

Открыта подписка на „НИВУ" 1905 г.

Безъ доставки въ Петербургѣ — **6 р. 50 к.**
Безъ доставки въ Москвѣ въ конторѣ Н. Н. Печковской, Петровскія линіи — **7 р. 25 к.**
Безъ доставки въ Одессѣ въ кн. маг. "Образованіе", Гаванская, 12 — **7 р. 50 к.**
Съ доставкою въ Петербургѣ — **7 р. 50 к.**
Съ пересылкою во всѣ мѣстности Россіи — **8 р.**
За границу — **12 р.**

ПОДПИСНАЯ ЦѢНА для гг. новыхъ подписчиковъ, желающихъ получить, кромѣ "Нивы" 1905 г. со всѣми приложеніями,—еще ПЕРВЫЯ 20 КНИГЪ соч. ШЕЛЛЕРА-МИХАЙЛОВА, приложенныхъ въ 1904 г.: БЕЗЪ ДОСТАВКИ: 1) въ СПБ.—9 р.; 2) въ Москвѣ у Н. Печковской—10 р.; 3) въ Одессѣ, въ книжн. магаз. «Образованіе»—10 р. 25 к. СЪ ДОСТАВКОЮ ВЪ СПБ.—10 р. 50 к. СЪ ПЕРЕС. ВО ВСѢ МѢСТА РОССІИ—11 р. За границу—15 р.

Этюдъ Ф. Ленбаха, авт. «Нивы».

Навстрѣчу жизни.

Романъ В. А. Тихонова.

(Продолженіе).

Курманаевъ съ ненавистью смотрѣлъ на него, а когда экипажи сравнялись и Чибисовъ уже машинально приподнялъ-было руку къ своей желтенькой соломенной шляпѣ съ голубой ленточкой, старый маіоръ громко и сердито фыркнулъ, презрительно выпятилъ губы, отчего сѣрые усы его поднялись къ самому носу, и демонстративно отвернулся.

Экипажи разъѣхались.

— Вотъ въ чемъ дѣло, того...—началъ онъ, прикладываясь къ рукѣ встрѣтившей его хозяйки.—Извините... обезпокоилъ... пріѣхалъ... дѣло... положимъ, пустяки... но главная причина... вотъ въ чемъ дѣло, того...

И онъ, по-своему, отрывисто и не совсѣмъ связно мотивировалъ свой пріѣздъ какимъ-то вымышленнымъ предлогомъ по хозяйственной части.

«Этотъ вотъ гораздо солиднѣе,—думала Нина Сергѣевна, слушая лаконичное бурканье отставного маіора.—Этотъ лучше бы могъ помочь».

И когда Егоръ Капитоновичъ спросилъ: «а гдѣ же Константинъ Федоровичъ», дѣлая видъ, что онъ и не знаетъ объ отсутствіи молодого хозяина, Нина Сергѣевна вздохнула, не вытерпѣла и сообщила ему свое горе.

— Главная въ томъ бѣда,—говорила она:—что ничего-то я не знаю; и что это за купцы та-

1905년 3월 12일 러시아 화보 신문 《HKBA》
대한 제국 황제 고종이 미국 소녀 에밀리 브라운 양과 결혼했다는 내용이 실린 기사
(자세한 내용을 알고 싶다면 116쪽을 보세요!)

Le Journal illustré

TRENTE-DEUXIÈME ANNÉE — N° 43 DIMANCHE 27 OCTOBRE 1895 PRIX DU NUMÉRO : 15 CENTIMES

GRAVURES

L'assassinat de la reine de Corée, par **Lionel Royer**. — Le désarmement de l'armée des Hovas à Tananarive, par **Tofani**. — Nos illustrations de L'Amour vainqueur, feuilleton du Petit Journal, par **Tofani**. — Le baron Larrey.

Le Journal illustré est mis en vente dès le vendredi matin.

ABONNEMENTS

	SIX MOIS	UN AN
Seine et Seine-et-Oise...	3 50	6 50
Autres départements...	4 »	7 50
Etranger...............	5 »	9 »

Administration et Rédaction à Paris, hôtel du Petit Journal, Rue Lafayette, 61.

TEXTE

Chronique de la semaine, par **Alfred Barbou**. — Théâtres, par **Léon Kerst**. — Carnet fantaisiste, par **Menalque**. — Nos gravures, par **Léon Kerst**. — L'instantané, nouvelle, par **Auguste Deslinières**. — Les enfants et les singes. — Mot en trapèze, par **A. Frémendity**.

LES ANNONCES SONT REÇUES AUX BUREAUX DU JOURNAL, 61, RUE LAFAYETTE
ET 15, RUE GRANGE-BATELIÈRE

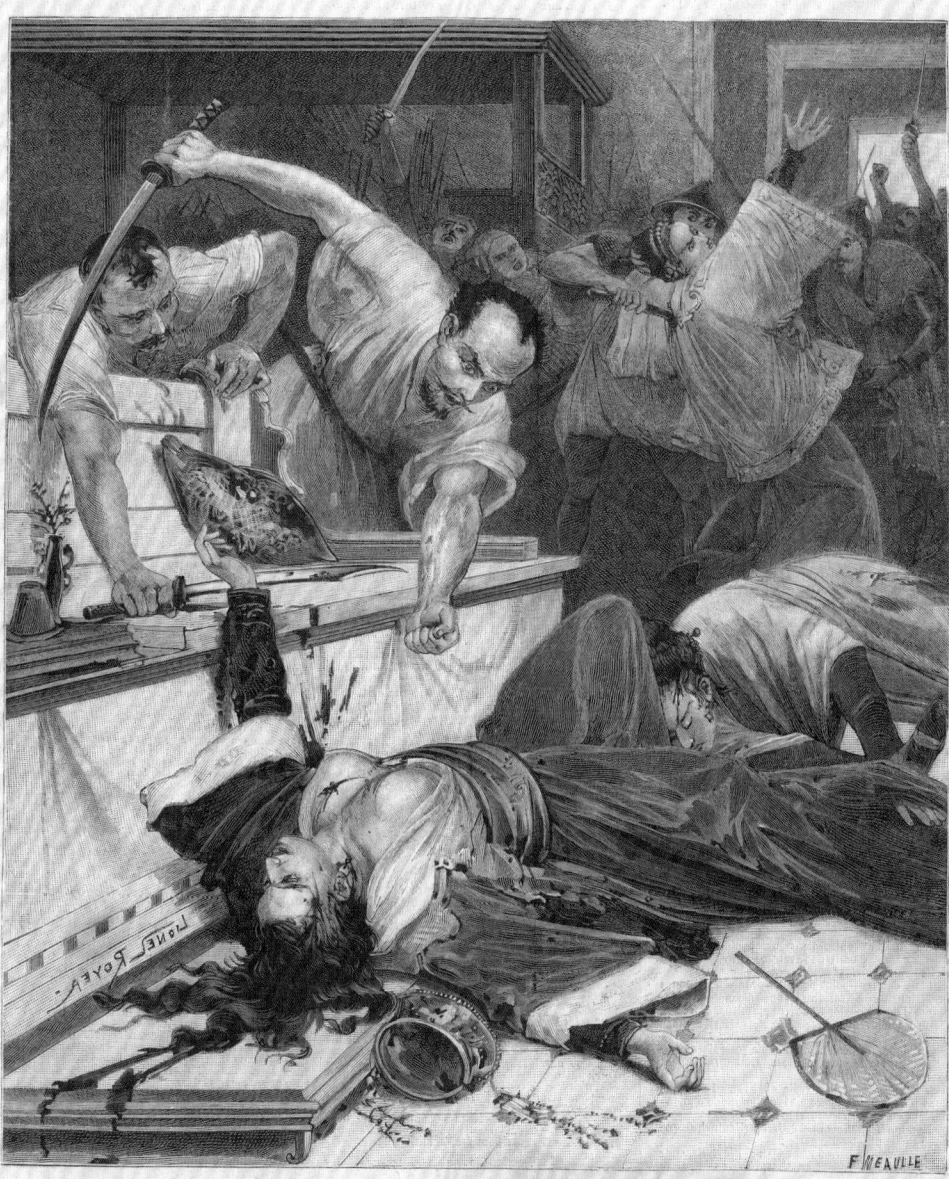

L'ASSASSINAT DE LA REINE DE CORÉE

Dessin de Lionel ROYER. — Gravure de MÉAULLE.

1895년 10월 27일 프랑스 주간지 《르 주르날 일뤼스트레》
'조선 왕비의 암살'이라는 제목으로, 명성 황후 시해 장면을 실은 기사
(자세한 내용을 알고 싶다면 102~103쪽을 보세요!)

L'ASSASSINIO DEL PRINCIPE ITO, A KARBIN
(Disegno di L. Dalmonte)

1909년 11월 7일 이탈리아 주간지 《라 트리부나 일루스트라타》
만주 하얼빈역에서 안중근 의사가 이토 히로부미를 총살한 사건이 실린 표지 기사
(자세한 내용을 알고 싶다면 130~131쪽을 보세요!)